JN059502

# PURPOSE MODEL

# パーパスモデル

## 人を巻き込む共創のつくりかた

吉備友理恵
近藤哲朗
YURIE KIBI
TETSURO KONDOH

学芸出版社

# はじめに——誰もが“共創”に向かう時代

変化が激しく、課題が複雑化する現代において、1組織や1人の力では変化に対応できなくなっている。だからこそ、企業だけ、行政だけ、専門家だけ、政治家だけ、若者だけではなく、さまざまな人や組織の視点を掛け合わせて、今までにない創造的な解決策をつくっていく必要がある。

企業も行政も大学・研究機関も、これまでの自前主義や縦割りの構造に限界を感じて、オープンイノベーションに向かい、「ESG投資」「SDGs」「パーパス」といった言葉も社会で徐々に浸透し、私たち個人においても「社会的意義を重視する」「持続可能な社会」という考え方が広まってきた。実際、この本を書き始めた時にはほとんどなかった「パーパス」や「共創」をテーマにした本も見かけるようになった。そしてこの本を手に取ってくれたあなたも、そんな言葉が気になっている1人かもしれない。

共創とは、社会課題の解決を目指し、多様なステークホルダーが自分たちの領域を互いに一歩踏み出して、知を組み合わせることで、新たな価値を創出することである。

私は普段、企業のイノベーション部門で社内外をつなぎ共創のきっかけをつくる仕事をしながら、一般社団法人で共創の研究に取り組んでいる。そんななかで感じるのは、「共創」や「パーパス」といったものが、概念としてはなんとなく大事だと共有され始めているものの、「パーパスは何のために必要なのか？」「共創って実際どうしたらいいの？」という疑問について明快な答えを見つけられないまま、みんなが試行錯誤しているということだ。私もその1人である。また、プロジェクトの中長期的な価値を伝えきれなかったり、共創的なプロセスが理解されず、思うように進められない場面もたくさん見てきた。

私はこうした自分の疑問に向き合うため、共創プロジェクトを細かく調べ始めた。一般社団法人Future Center Alliance Japan*1の中で「PURPOSEHOOD PROJECT」*2というリサーチプロジェクトを立ち上げ、同じ疑問を持つ組織を超えた同世代と、FCAJ理事たちのアドバイスのもと、「パーパスでつながる共創とは何か」を調査した。インタビューやデスクリサーチを通して、だんだん見えてきた共創プロジェクトの中身を伝えるために、図解総研*3の力を借りて可視化したのが、本書で紹介する「パーパスモデル」である。

私は共創を概念ではなく、手触り感のあるものにしたい。先の見えづらい今の社会で、自分1人ではできないことでも、少し視野を広げて、誰かと一緒に取り組めばできるかもしれない、という選択肢をつくりたい。

もちろん、大きな変化は一気に起きないし、じれったいほど時間がかかることもある。実際、電気だってエジソンらが発明した時代から、インフラとして街に電気が灯るまで約50年かかったと言われている。社会に変化をつくるなんて大きくて自分ごとじゃないと感じる人もいるかもしれない。でも、あなたが向き合っていることは、必ず社会を前に進める変化につながっている。

小さくてもいいから、新しい価値観を世の中に提示して、その価値観に共感する人の割合を増やしていくことで、社会はじわじわ変わっていくものだ。そんな新しい価値観を社会に実装する土台や事業、しくみをつくっていくことと、人を巻き込んでいくことに、共創という手法は向いている。

業種、セクター、専門性など、これまで重視されてきたものが異なる者同士が一緒に取り組むためには、「自分がこうしたい」という想いだけではうまくいかない。それぞれができること、やりたいことを大事にしながらも、多様なステークホルダーをつなぐプロジェクトのパーパス、つまり「共通目的」が必要である。

多くの人が関わり、試行錯誤してプロジェクトを進めていくなかで、短期的な成果が見えにくかったり、いろいろ意見が飛び交って方向性が見えなくなったり、「あれ？そもそも何のためにやっていたんだっけ？」と、案外目的を見失ってしまうことも多い。パーパスモデルはそんなとき、一度みんなが立ち戻って、また進みだすためのコンパスになる。いろいろな人を巻き込んで、これまでにない新しい取り組みに挑戦している人、ステークホルダーが多いプロジェクトをまとめている人、自分1人ではできない大きな夢を持っている人に、パーパスモデルを使ってほしい。

本書では、まず1章でパーパスモデルについて、開発の背景からつくり方、使い方まで紹介する。2章では国内外の19の共創プロジェクトについてパーパスモデルとともに紹介し、3章で従来のプロジェクトとの違いや共創プロジェクトにどう取り組めばよいかを考察する。そして4章では、これまでのプロジェクトの考察から見えてきた、共創しやすい社会をつくる「個人」と「社会環境」の重要性についてまとめる。

今回、どのような立場にいる読者であっても共創という考え方がイメージできるように、取り上げる事例の規模感、テーマ、主体はあえてバラバラにした。自分には直接関係がない事例であったとしても、そこには共通点があることを感じてもらえると嬉しい。

共創はプロジェクトの大きさにかかわらず、価値のある行為だと思う。なぜなら、それぞれの主体が「これまでになかった新しいことに、一歩ずつ踏み出すチャレンジをする」ことだからだ。その新たなチャレンジは小さくとも社会に変化をつくり、そういった人々のチャレンジの積み重ねと持続の先に、より大きな変化を起こせると信じている。

吉備友理恵

---

*1 一般社団法人Future Center Alliance Japan (FCAJ)は、産学官民が参加・連携する組織(プルーラルセクター)であり、経済と社会をつなぐオープンイノベーション の「場」として、自社や自組織の枠を超えた社会課題や未来課題への対応、新たな産業を構想する活動を2016年より行っている。

*2 パーパスフッドプロジェクトとは、2019年にFCAJで筆者(吉備)が立ち上げたリサーチプロジェクト。共創を人とプロジェクトの2つの視点から掘り下げ、概念ではなく実践のヒントを得ることを目的に、共創プロジェクトの実践者へのインタビューと共創プロジェクトの可視化に取り組んだ。
プロジェクトメンバー:原田真希、高田将吾(日立製作所)、宮内悠太(小田急電鉄)、村松和香(UR都市機構)、吉備友理恵(日建設計)
プロジェクトアドバイザー:中分毅(元日建設計)、島裕、住田孝之(住友商事)、山際邦明(元豊田通商)、仙石太郎(REWIRED)

*3 図解総研は、ビジネスモデル、会計、共創、政策のような複雑な概念を共通の型で構造化して図解することで、相互理解のコミュニケーションコストを減らし、多様なステークホルダー同士の共通言語を生み出すビジュアルシンクタンク。これまで出版した主な書籍に『ビジネスモデル2.0図鑑』『会計の地図』がある。

# パーパスを
# もっと、
# みんなのものへ。

ブランディングの手法として。マーケティングの用語として。
昨今、「パーパス」という言葉が注目を浴びています。
でも、パーパスは、企業や組織だけのものではないはず。
むしろ、個人の中にこそ生まれるものではないでしょうか。

持続的な社会をつくりたい。
社会に点在する不平等を減らしたい。
パーパスとは、個人が持つそんな想いそのものです。
先の見えにくいこの時代を先導していくのは、
もはや国や企業ではなく私たちです。
所属や肩書といった縦のつながりではなく、
パーパスを軸とした横のつながりによって、
まだ世にない新しい価値をつくっていかなくてはなりません。

民間企業・行政・研究者・アーティスト・専業主夫・学生まで…
パーパスは、利益の追求を目的とした
従来的なプロジェクトでは関わることのなかった
多様なステークホルダーをひとつにし、
さまざまな視点と技術を掛け合わせることを可能にします。
それが、これからの時代を切り拓く「共創」です。

「パーパス」を中心に、
多様なステークホルダーと新しい価値を「共創」する。
複雑化する社会課題を解決し、
理想の社会を実現する近道はここにあります。

PURPOSEHOOD PROJECTより

パーパスモデル｜目次

# 2

4

# 1

# パーパスモデル
# とは何か

1章では、パーパスモデルの定義や考え方について、
そしてどのようにつくるかをステップに分けて紹介する。
さらに、パーパスモデルを開発した背景や、
どんな場面で使えば有効かについて解説する。
それによりパーパスモデルのアウトラインを掴んでもらいたい。

## 1-1

# パーパスモデルとは何か

パーパスモデルは、多様なステークホルダーが一緒に活動するための「パーパスを中心とした共創プロジェクトの設計図」である。本書においてパーパスとは「より良い社会を実現するための行動原理」と定義している。

- **パーパスモデル：パーパスを中心とした共創プロジェクトの設計図**
- **パーパス：より良い社会を実現するための行動原理**

共創プロジェクトには従来のように利益追求のみを中心としたプロジェクトにおいては関わることのなかった多様なステークホルダーが必要である。しかし、ステークホルダーをただ集めるだけでは機能しない。そんなとき、プロジェクトを引っ張る原動力になるのがパーパスである。パーパスを他者と共有できるように言語化することで、集まったステークホルダーが向かう方向にズレがないか確認できたり、共感を集めて新たなステークホルダーを巻き込むことができる。また、それぞれのステークホルダーがプロジェクトにおいてどんな役割を担って、どんな目的で関わっているのかを明確にすることで、受発注の関係を超えた多層的な価値の循環が機能するようになる。その設計図となるのがパーパスモデルである。

パーパスモデルがあれば、新たにプロジェクトを立ち上げるときや、既存のプロジェクトを分析する際に、その活動を可視化することができる。パーパスモデルの見方は次項で述べるが、主な要素は次頁の通りである。

このツールを使うことで、今まで見えづらかった「プロジェクトのパーパス」(共通目的)と、そこに「どんな人や組織がどんな理由でどう関わっているか」(ステークホルダーとその役割・目的)を可視化することができる。

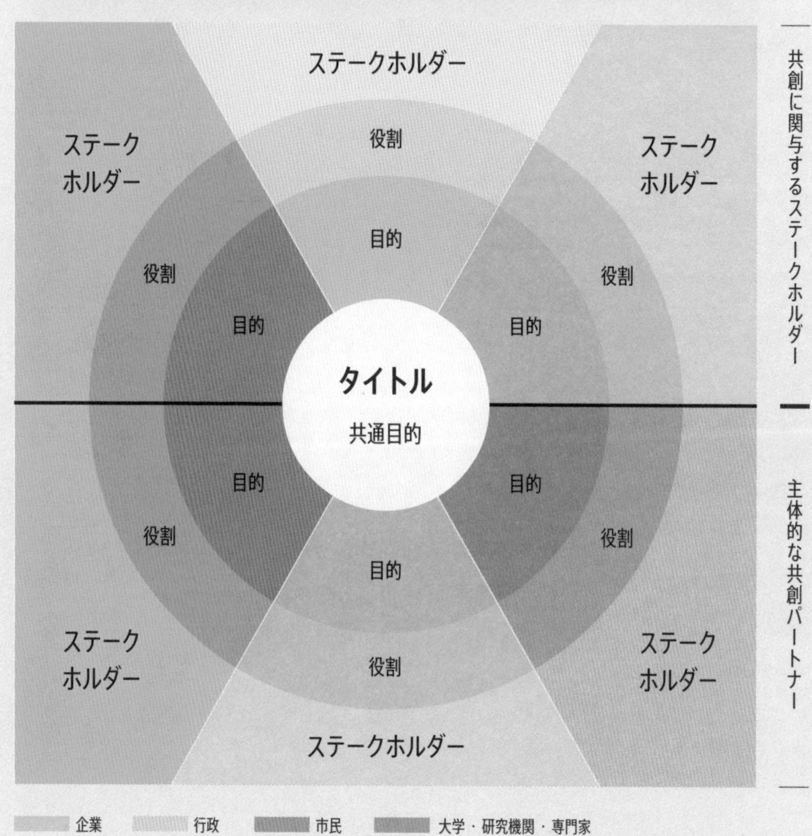


- 図の中心にプロジェクトのパーパスである「共通目的」、周囲にその共通目的の下に集う「ステークホルダー」を書く
- 図の上段と下段を分け、上段に「共創に関与するステークホルダー」、下段に「主体的な共創パートナー」を配置する
- ステークホルダーを属性別に4色に塗り分ける
- それぞれのステークホルダーの「役割」と「目的」を書く

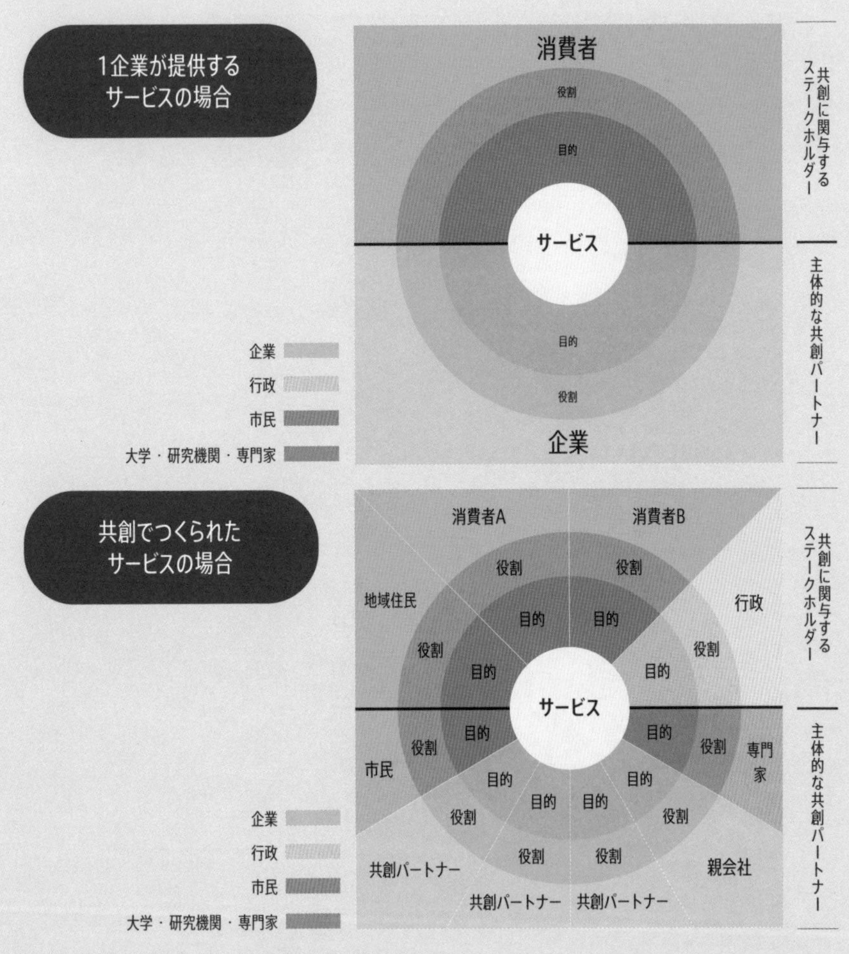


**パーパスモデルを用いることで、アウトプットを見るだけではわからない「どんな人がどんな想いでどう関わっているか」を捉えることができる。**

パーパスモデルは、1企業がユーザーに対してサービスを提供するプロジェクトよりも、共創プロジェクトのような多くのステークホルダーがいる活動を可視化して整理するのに向いている。

また、パーパスモデルは、事業・プロジェクトレベルで書くのがおすすめである。組織全体について書くこともできるが、規模が大きいと抽象度が高

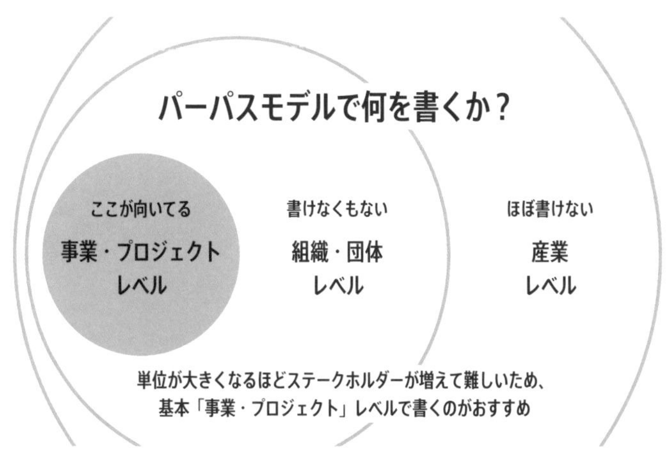


くなるため、書きづらいこともある。産業レベルではさらに難しくなるので、まずは具体的に書きやすいレベル感で書くところから始めてほしい。

1-2

# パーパスモデルの見方

次に、パーパスモデルの見方について詳しく説明する。

まず、図の上段と下段には意味がある。図の下半分は「主体的な共創パートナー」、つまり共通目的に向かって主体性をもって動くステークホルダーのことを指す。「主体的な共創パートナー」の条件は以下の3つである。この条件については3章でより詳しく解説している（135頁参照）。

1. 共通目的に賛同しているか
2. リソースを提供しているか
3. 主体性があるか

## パーパスモデルは上下に分かれる

これらをすべて満たすステークホルダーが「主体的な共創パートナー」になる。たとえばプロジェクトを主体的に進める組織、同じ課題意識を持って一緒に取り組むパートナー、プロジェクトに貢献してくれるユーザーなどが該当する。

## それぞれのエリアに何を書くか 一番外側には「ステークホルダー」

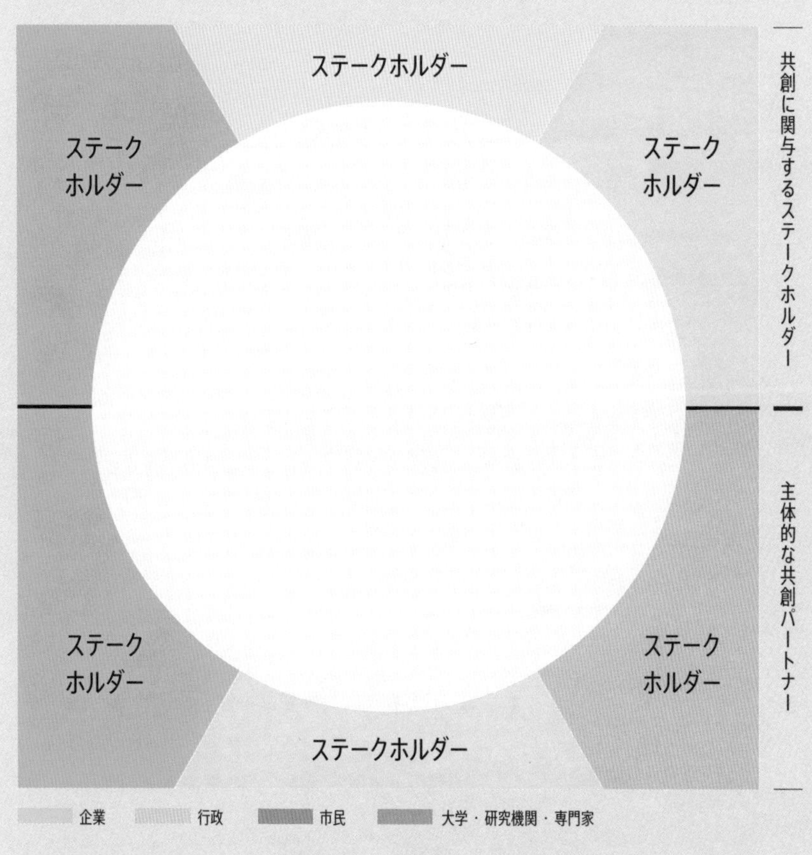


そして、図の上半分は「共創に関与するステークホルダー」、つまり場の利用者、アプリやサービスのユーザー、顧客企業、対価を支払って関与するステークホルダーなどが該当する。

次に、それぞれのエリアに何を書くかを説明する。

一番外側のエリアには「ステークホルダーの名称」を入れる。組織名や、周辺住民・アプリのユーザーなどの同じ役割を持つ集団を指すこともある。

パーパスモデルに登場する関係者を「ステークホルダー」と呼ぶ。ステークホルダーという言葉は一般的には「利害関係者」と訳されることが多いが、ここではより広くその事業やプロジェクトに関係している人や組織を指しており、必ずしも利害関係ではない、あるひとまとまりの関係者のことを指している。

パーパスモデルではステークホルダーを「企業」「行政」「市民」「大学・研究機関・専門家」の4つに分類し、4色に塗り分ける。一般社団法人やNPOは専門性を考慮し「大学・研究機関・専門家」の紫色にすることが多い。また、財団はその財源がどの属性によるものかによって色が変化する。

**ステークホルダーの色分け**

| | |
|---|---|
| 企業 | 民間事業者として資源(資金・場所・技術など)を提供する |
| 行政 | 公的な存在として制度設計、予算執行、税制優遇など法律や制度の面から関わる |
| 市民 | 住民や利用者として消費や参加をする |
| 大学・研究機関・専門家 | 研究者・専門家として学術的な知見を提供する |

## それぞれのステークホルダーの内側に「役割」

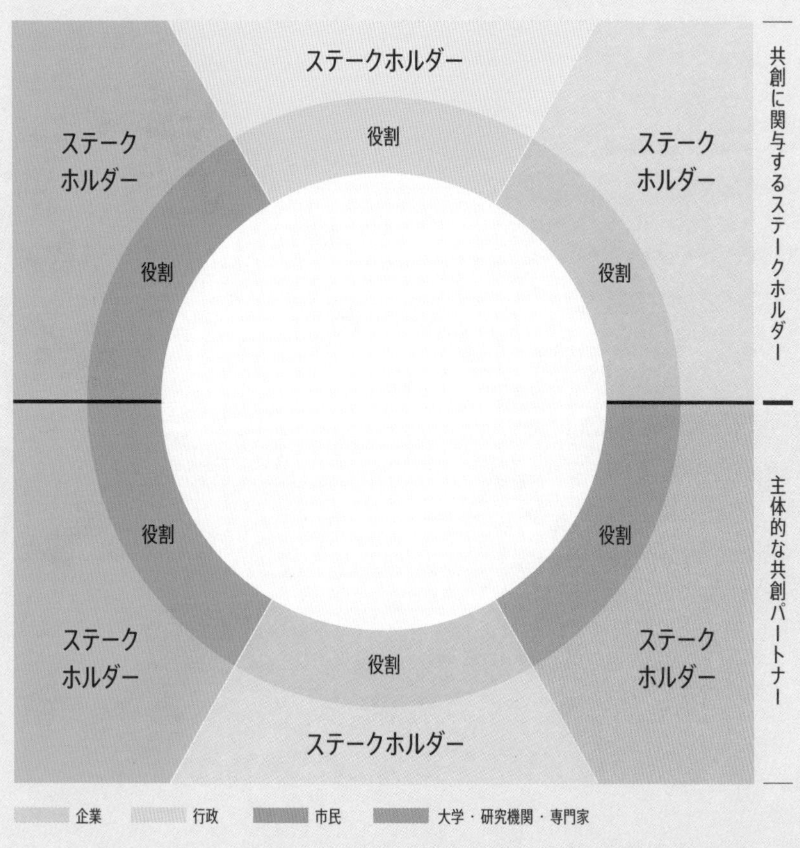


ステークホルダーの名称の内側のエリアには、各ステークホルダーがプロジェクトを成立させるために担っている「役割」を入れる。たとえば「代金を支払う」「意見を届ける」「企画する」などが入る。

## さらに内側にそれぞれのステークホルダーの「目的」

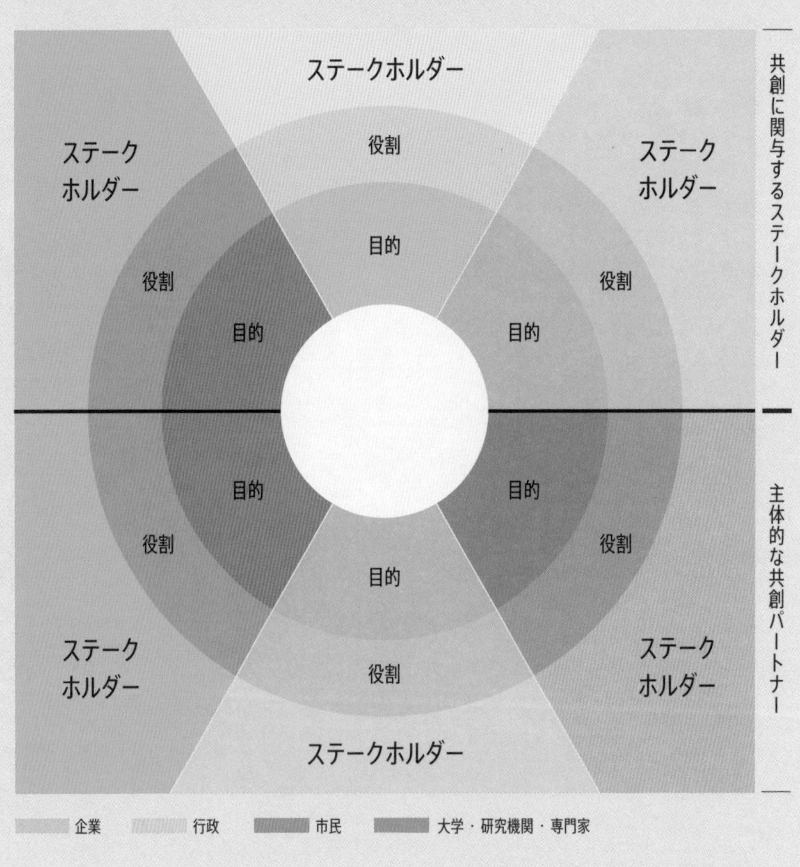


さらにステークホルダーの役割の内側のエリアには、各ステークホルダーがプロジェクトに関わる動機や合理的な理由を指す「目的」を入れる。たとえば「ネットワークを広げたい」「サービスを利用したい」「知識を役立てたい」などが入る。「〜したい」という語尾で統一するのがおすすめだ。

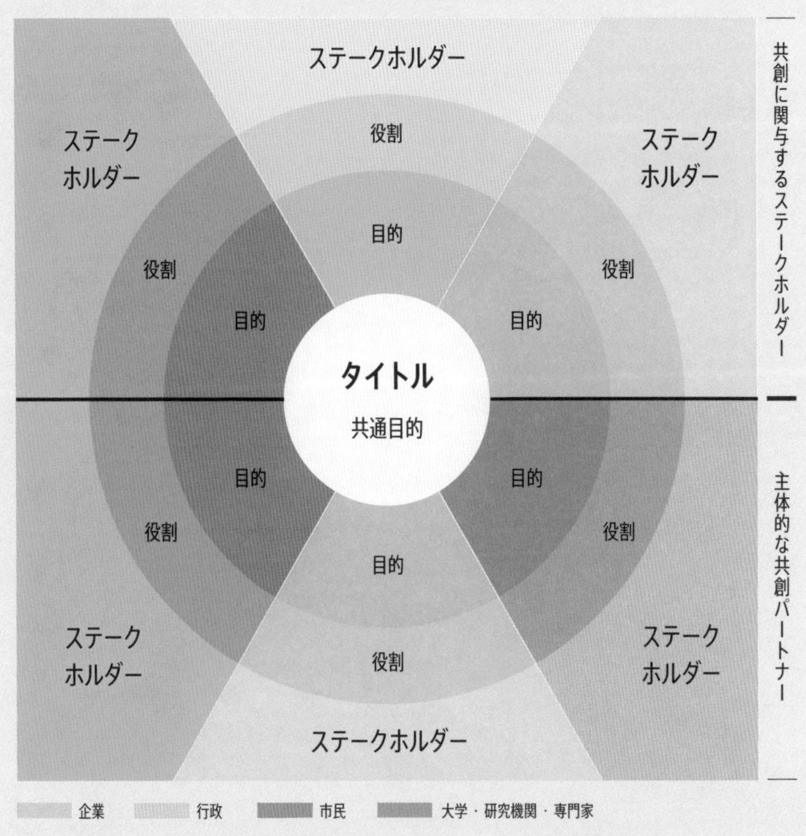


そして、真ん中のエリアには「共通目的」を入れる。共通目的はステークホルダーが共有しているプロジェクトのパーパスを具体的に言葉にしたもので、複数の異なる立場の人が自分ごとにできるものである。

## 1つのブロックを構成する ステークホルダーの名前・役割・目的が 中央の共通目的につながっている

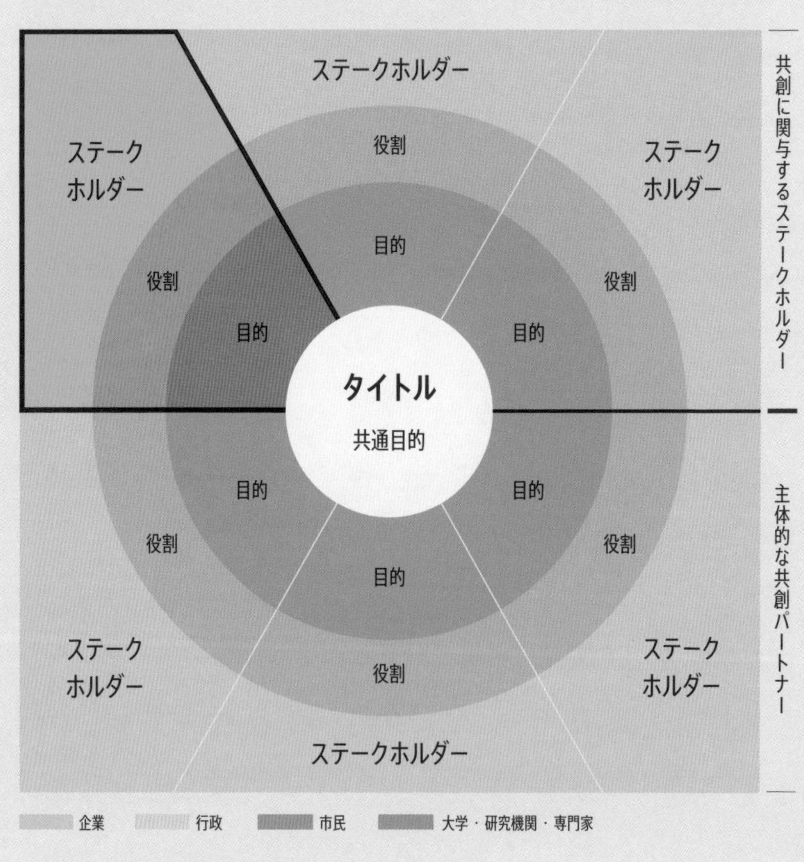


1つのステークホルダーのブロックを切り取ってみると、ステークホルダーの名前・役割・目的が、真ん中の「共通目的」に向かっているように見え、それぞれのステークホルダーのブロックが円の中に並ぶ。

1-3

# パーパスモデルのつくり方

パーパスモデルをつくるステップは、主に以下の6つである。

1. パーパスモデルをつくる目的を決めよう
2. ステークホルダーとその役割を洗い出そう
3. 共通目的を言葉にしよう
4. 各ステークホルダーの目的を言葉にしよう
5. 主体的な共創パートナーか、共創に関与するステークホルダーかを見極めよう
6. 完成したパーパスモデルを周囲に見せて対話し、アップデートしよう

必ずしもこの手順通りに進める必要はないが、このステップを辿るとつくりやすいので参考にしてもらいたい。次にそれぞれのステップについて紹介していく。

## 01
## パーパスモデルをつくる目的を決めよう

なんのためにパーパスモデルをつくるのか。実は、この目的を考えることがパーパスモデルをつくる上で一番大事である。その目的によって、次のようなアウトプットの表現形式が決まるからだ。

1. **単体**：1枚のパーパスモデルのみで表現する
2. **時系列**：時系列に沿って複数のパーパスモデルで表現する
3. **比較**：比較対象となる複数のパーパスモデルを表現する

## パーパスモデルをつくる目的を決めよう

・現状の把握／整理
・認識のすり合わせ
・事例分析／紹介

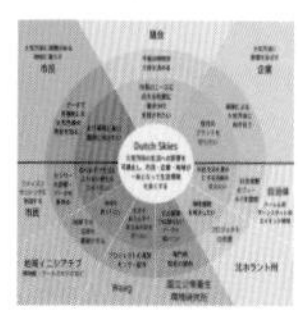

Dutch Skies

**単体**

・中長期的な価値の共有
・巻き込む相手を検討する
・プロセスの違いを可視化
・成功の鍵を探る

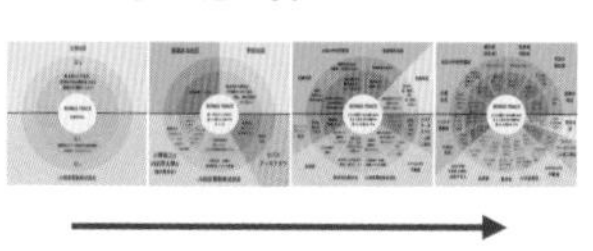

BONUS TRACK

**時系列**

・共創で生まれた
価値の違いを可視化
・類似事例の比較分析

Before　　After

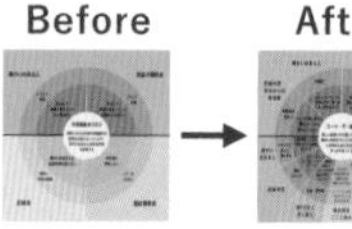

ミーツ・ザ・福祉

**比較**

「単体」の表現は、「自分の考えを整理する」「現状についての認識をすり合わせる」「どんなステークホルダーがどんな想いで関わっているのか事例を分析・紹介する」ときなどに使える。

「時系列」の表現は、「中長期的な価値を共有する」「これから巻き込む相手を検討する」「これまでの取り組みとのプロセスの違いを分析する」「過去の事例の成功のポイントを探る」ときなどに使える。

「比較」の表現は、「複数のモデルを並べて共創で生まれた価値の違いをビフォー&アフターで表現する」「類似事例をいくつか集めてその違いを分析する」ときなどに役立つ。

このように、パーパスモデルをどう使いたいかという目的を意識しながら、どんな表現にするかをまず考えよう。

## 02

## ステークホルダーとその役割を洗い出そう

次に、ステークホルダーを役割とセットで洗い出していこう。プロジェクトに関わっている人や組織を思いつくだけどんどん書き出してみる。この段階でステークホルダーの数が多くなったとしても、後で見直すので大丈夫だ。ステークホルダーを漏れなく書き出すために下記のようなポイントに注意しよう。

- **そのプロジェクトによって影響を受ける人は誰か**
- **そのプロジェクトに直接関わっている人は誰か（資金提供者など）、間接的に関わっている人は誰か（顧客・支援者・ユーザーなど）**
- **ステークホルダーの4つの属性にそれぞれ当てはまる人がいるか**

このとき、無意識に誰かを排除していたり、自分では想像もしていなかったところに影響を受ける相手がいたりするので、一度書き出したものを誰か他の人に見てもらうことも重要である。

役割については、あまり詳細に書き込まずシンプルに書こう。文字が長くなりすぎる場合は体言止めで書くこともおすすめだ。

そして、前述した通り、ステークホルダーの属性別に以下の色分けを考えよう。

- **企業：青**■
- **行政：黄**■
- **市民（個人やユーザー等）：赤**■
- **大学・研究機関・専門家：紫**■

## 03

## 共通目的を言葉にしよう

ステークホルダーとその役割の洗い出しが終われば、次に共通目的を言葉にしていく。

## 共通目的を言葉にしよう

何を書くべきか
わからないとき

社会
課題
組織　できること　動機　個人

この3つの重なりから考える

何を書くかはわかったが、
どう書いたらいいかわからないとき

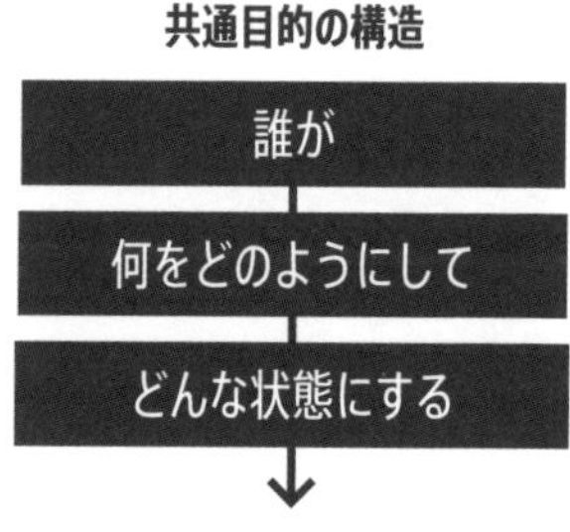


この3つの要素を入れて考える

共通目的に何を書くべきかわからないときは、以下の1）を参考にしてほしい。共通目的に何を書くかはわかったが、どう書いたらいいかわからないときは、2）を参考にしてほしい。

### 1）共通目的に何を書くべきかわからないとき

社会・組織・個人という3つの観点を書きだして、それらを行き来しながら考えてみるといい。

- **社会という観点：**今向き合っている対象の周辺にはどんな課題があるのか
- **組織という観点：**自分たちが課題に対して何ができるか
- **個人という観点：**自分がプロジェクトに取り組む動機は何か

以上の3つが重なるところが、共通目的に書くべき要素である。

### 2）共通目的に何を書くかはわかったが、どう書いたらいいかわからないとき

共通目的は以下の3つの要素を入れて書くことで、抽象的になりすぎず、

自分たちだからできる強みを込めた、ちょうどいい解像度の共通目的をつくれるはずだ。本書ではこれを「共通目的の構造」と呼び、3章（130頁参照）で詳しく紹介している。

- **「誰が」**
- **「何をどのようにして」**
- **「どんな状態にする」**

## 04

## 各ステークホルダーの目的を言葉にしよう

ステークホルダーが洗い出せて、共通目的を言葉にできたら、次はステークホルダーの目的の言語化だ。ここでの目的とは、なぜそのステークホルダーがこのプロジェクトに参加しているのかを表すものだ。それはつまり、動機やインセンティブとも近い。共通目的は社会的な意義が多分に含まれているが、各ステークホルダーの目的はある意味利己的な目的であっていい。そのプロジェクトでどんなリターンを得たいのかを考えよう。

パーパスモデルを使っていただいている大学教授が、パーパスモデルは「建前」と「本音」を一緒に書けるのがポイントだと指摘してくれた。隣のメンバーが何を考えているかわからないまま、建前しか共有していない状態では共創はうまくいかない。これまでの失敗事例の多くが、なんとなく耳障りのいい共通目的の下にステークホルダーが集まって、いざ本腰を入れて取り組む段階になったら、「やっぱり…」「実は…」と異論が出て、取り組みが進まなくなることが起きるのだという。

パーパスモデルに「共通目的」だけでなく、「それぞれの目的」があるのは、まさにこの「本音の部分」、つまり、自分や自組織のためになることが何なのか、をステークホルダー間で共有する必要があるからだ。各ステークホルダーの目的を捉えられていないと、どこかでちゃぶ台返しや燃料切れが起きてプロジェクトを続けることができなくなる。お互いの目的を理解していることは、ステークホルダーが多い共創プロジェクトを持続させる上でとても重要である。

## 05

## 主体的な共創パートナーか、共創に関与するステークホルダーかを見極めよう

次に、各ステークホルダーを、「主体的な共創パートナー」=モデルの下段、「共創に関与するステークホルダー」=モデルの上段に振り分ける。上下の分け方については前述した通りだが、以下の図のように3つの問いで「はい／いいえ」を見ることをおすすめしたい。

なぜ「主体的な共創パートナー」と「共創に関与するステークホルダー」をこうして分けているのか。それは、従来のサービスの「提供者（企業や行政）」と「受益者」という分け方ではなく、プロジェクトに想いを持って主体的に動かす人たちにしっかり焦点を当てたいからだ。共創プロジェクトは主体的にコミットする人が連帯し推進しなければ成立しない。

また、上段に共通目的に賛同していない人を書けるのもポイントだ。彼らを積極的に巻き込むような新たなステークホルダーの関与も考えることができる。

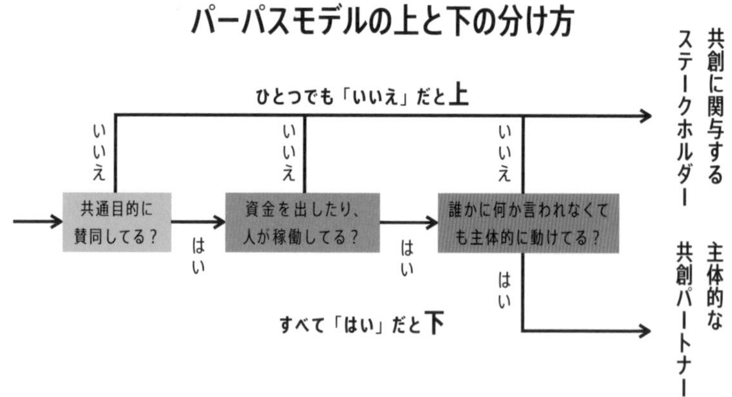

## 06

# 完成したパーパスモデルを周囲に見せて対話し、アップデートしよう

ここまででパーパスモデルは形になってきているはずだ。最初はパーパスモデルの要素が完全には埋まらないこともあるだろうが、それで問題ない。「意外と共通目的を言葉にするのが難しいね」「他のステークホルダーの目的がわかっていなかったね」といったことがわかることが重要なのだ。

だからこそ、一度パーパスモデルをつくったら、できるだけいろいろな人に見せ、対話をすることに意味がある。そうすることで、自分からは見えていなかったステークホルダーが見えてきたり、初めて相手の考えていることがわかったり、共通目的を言葉にするための対話が生まれ、モデルをアップデートしながら認識や言葉をステークホルダー間で共有していくことができる。

# 自分でパーパスモデルをつくってみよう

## 1）パーパスモデルスタジオ

今回、パーパスモデルをウェブサイト上で簡単に操作できるツール「パーパスモデルスタジオ」を開発した。このツールを使えば、これまで経てきたプロセスを誰でもサイト上で行うことができる（PCのみ・モバイルでは使用不可）。ツールの使い方については、下記のQRコードからアクセスして参考にしてもらいたい。

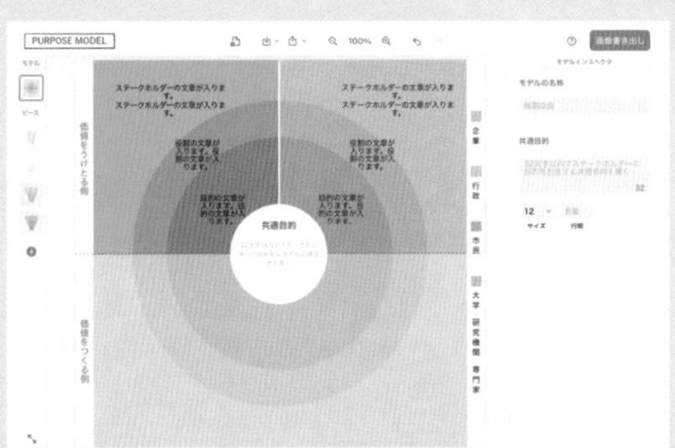

パーパスモデルスタジオ
（開発中の画面）

## 2）パーパスモデルワークシート

いきなりパーパスモデルスタジオを使って作成することもできるが、まずは手書きで整理するためのツールとして「パーパスモデルワークシート」をつくった。このシートをA3用紙に印刷して、市販されている50×50mmの4色の付箋を使って考えを整理することができる。ワークシートは下記のQRコードからアクセスしてダウンロードできる。

また、複数人でつくるときはホワイトボードに大きな円を描いて、そこにステークホルダーや共通目的の付箋を貼って検討するやり方もおすすめだ。

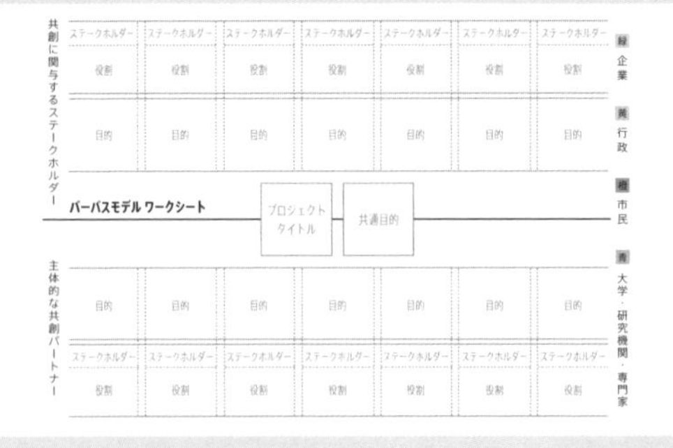

パーパスモデルワークシート

# 1-4

# なぜパーパスモデルをつくったか

パーパスモデルをつくった理由は、組織やセクターを超えてパーパスを中心とした横のつながりによって共創プロジェクトが成り立つことを後押ししたかったからだ。共創を求める声は高まっているものの、まだまだそれを実行するための手法が少ない。そのため、試行錯誤の土台になる「共創プロジェクトの設計図」として、パーパスモデルを開発した。

今、この社会で活動する人々は、社会性を重視しながら経済活動を行わなくてはならないという大きなパラダイムシフトの渦中にいる。

これまでは、資本主義の名のもとに、経済を成長させるものが是とされてきた。企業は利益を追求し、どう儲けるかを競ってきたし、新たなビジネスモデルが次々と生まれ、より速く、より強力なプレイヤーが市場競争で勝利を収めた。

しかし、経済性を重視しすぎたために、深刻な環境汚染、人権侵害、資源の枯渇…といった多くの問題を生み出してきた。そのため、現在は1組織の利益追求ではなく、地球環境や社会全体にとって有益な経済活動が世界的に求められるようになっており、想いのある人や企業も着実に増えている。

ただ、まだまだ経済合理性の論理が強く、プロジェクトを実行する際、長期的な視点を持つことやリスクをとることに対して、組織内で理解を得られないことも多いのではないか。また、新型コロナウイルス感染症の世界的なパンデミックなど、これまでの常識がひっくり返るような価値観の転換はこれからも次々と起こるだろう。これからは1組織や1人の力では変化に対応しきれない時代である。

**これまで**

目的

**共創**

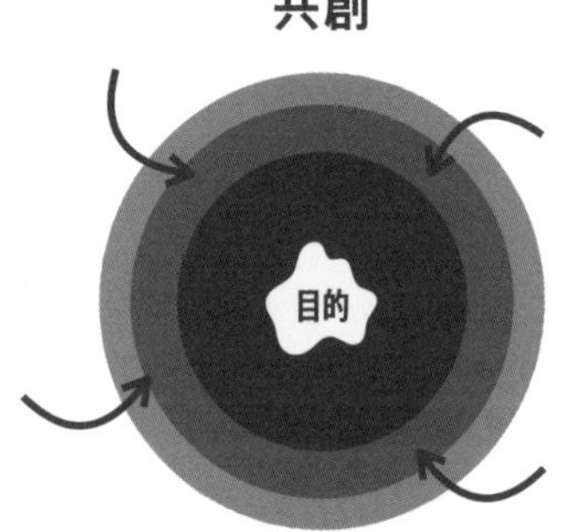


そんな時代においては、多様な視点を掛け合わせ、創造的な解決策を導く必要がある。大企業や政治家、専門家の視点だけでなく、地域の住民や次世代の若者など従来の経済活動ではそのプロセスに関与しなかった、多様なステークホルダーが一緒に活動する機会が増えるだろう。そこでは、これまでの企業Aから企業Bへといった単純な価値交換ではない、多層的な価値の循環が求められる。しかし、多層的な価値の循環は複雑で時間がかかるため、共創への想いはあれど、簡単には実現しづらい。

こういった課題を乗り越えるためには、まず共創プロジェクトと従来のプロジェクトの考え方の違いを理解する必要がある。上図は、それを概念的に示した図である。

上図の左に示したこれまでのプロジェクトでは、資本や権力の所有者を頂点とし、彼らによって目的が与えられ、そこから計画的に下流に作業を分解して発注する上から下への「縦」の構造が多かった。

一方、上図の右に示した共創プロジェクトでは、ステークホルダー同士がフラットな関係で、目的も最初から固定されておらず、徐々に形にしていくもので、人を巻き込みながら横に大きくなっていく「円」の構造をなしている。これが、パーパスモデルが円の形をしている理由でもある。

不確実性が高く変化の激しい時代においては、前者のように計画主義的な進め方ではなく、小さな失敗を許容しながら試行錯誤を繰り返す後者のようなアジャイルな進め方が求められる。つまり、これからは活動を動かす中心となるのが「権力」から「パーパス」へ変化していくはずだ。

だからこそ、ますますプロジェクトの中心となる共通目的が重要になり、その目的を達成するためにはプロジェクトにおける長期的な価値を説明でき、多様なステークホルダーが多層的な価値交換をできる状況をつくる必要がある。それを支援することが、パーパスモデルに求められる役割である。

## 1-5

# どんなときに パーパスモデルを使えるか

では、パーパスモデルはどんなときにつくればいいのか？一言で言うならば、パーパスモデルが最も有効に働くのは、壁にぶつかったときだ。自分の頭が混乱したとき、相手に伝えたいのにうまく伝わらないとき、チームのメンバー間で意見が食い違うとき、まずは図を書いて情報を整理し、それをもとに対話してみてほしい。

そもそも、図を使うメリットは考えを可視化できることだ。1人の頭の中で考えていることは他の人には見えない。だからこそ自分の伝えたいことが相手にうまく伝わらず、議論が空中戦になってしまったりする。図という「頭の中を外部にわかりやすく可視化して、同じ認識を共有できる」ツールを持つことで、お互いの考えを正確に理解するためのコミュニケーションコストが圧倒的に下がる。

パーパスモデルを使うシーンとして想定されるのは、具体的には以下のようなときだ。

A. 新しいプロジェクトの内容を検討したり、アイデアを説明・発信したい
B. 既存の事業やプロジェクトの現状や経緯を整理し、今後の戦略を立てたい
C. ステークホルダーと対話したり、新しいステークホルダーを発見し巻き込みたい
D. 見逃しているステークホルダーがいないか確認し、リスクに対して適切に対応したい
E. 先行事例を研究・分析したい

私たちは以前、パーパスモデルをすでに活用してくれている方たちに対してアンケートを実施した。使用用途の質問に対して、Aが66.5%、Bが56.2%、Cが46.3%、Dが22.9%、Eが12%という回答が得られ、特にA〜Cの目的で使う人が多いことがわかった。

たとえば、2章で紹介する「BONUS TRACK」の事例（80頁参照）では、小田急電鉄の担当者が、プロジェクトの説明や社内でのコミュニケーションのためにパーパスモデルを作成し、活用していただいた。これはA、Bの使い方が近しい。ほかにも、スタートアップでパーパスモデルを時系列で整理し、今後の戦略を立てるのに使っていただいたケース（A、B、Dの用途）や、大学の研究室で事例研究のフォーマットとして使用していただいたケース（Eの用途）もあった。また、ある自治体の共創の場をつくるプロジェクトにおいて、関係者を一堂に集めたワークショップで使っていただいたケース（Cの用途）や、地域の中小企業に向けて、SDGsの実践をパーパスモデルで考えるワークショップ（A、Bの用途）を開催いただいたケースもあった。

ほかにも実際にパーパスモデルを使っていただいた方たちのインタビューと使用例について今後順次まとめていくので、下記サイトをご参照いただきたい。

# 2

# パーパスモデルで見る共創プロジェクト

2章では、「共創でできること」を8つのタイプに分類し、
パーパスモデルを用いて、19のプロジェクトを分析する。
事例分析を通して「共創でできること」を具体的に理解したい。

# 2-1

# 共創の8つのタイプ

本書では、調査した30事例の中から19事例を紹介している。それぞれのプロジェクトがどんな成果を目指して共創に取り組んでいるかを分析し、「共創でできること」を8つのタイプに分類した。

### 1 事業をつくる

これまでになかった新たな事業領域をつくる上で、対象となるユーザーや市民、専門家など複層的なステークホルダーを巻き込み、その知見を得ながらサービスや技術を開発し、事業を形づくること。

### 2 基準をつくる

目標に賛同する複数の組織で、これからの社会に必要な新しい基準や規則を専門家やステークホルダーと共につくること。

### 3 共通認識をつくる

立場や領域を横断した共通認識をつくり、社会に提言・宣言し、世論を形成していくことで、共通認識に基づいたアクションが実行されるインセンティブをつくること。

### 4 関係をつくる

それぞれの領域で個別に取り組まれてきた複合的な課題に対して、セクターを横断して組織や人をマッチングしたり議論する機会を設け、関係をつくること。

### 5 場をつくる

新たなコンセプトを打ち立てた場をつくることで、これまでになかったコミュニケーションや実験的な活動が誘発される環境をつくること（場はリアル／バーチャルを問わない）。

### 6 共同体をつくる

活動に賛同する個人や組織を増やし、各々が同じ目標に向かって活動に貢献する共同体をつくること。

### 7 人を育てる

必要なステークホルダーを巻き込みながら、これからの時代を生きる人が身につけておくべき知識や力を得る機会を増やし、未来への投資を行うこと。

### 8 公共を開く

これまで公的機関が単独で行ってきたが、課題が複雑化するなかで民間や市民と共に取り組むことでより良い状態にすること。

通常、共創やオープンイノベーションとして紹介される事例は、「プロダクト」や「サービス」といった事業の成果別に分類されることが多く、今回のように、「事業をつくる」ことだけではない「共創でできる」ことという観点でまとめたものはほとんどない。

今回は各事例を8つのタイプのどれかに分類しているが、実際には1つのタイプだけに絞ることはできず、タイプ1が中心で、かつタイプ3もタイプ8も当てはまるという事例や、プロジェクトのフェーズによってタイプが変化することもあるため、本書ではわかりやすいように各事例の代表的なタイプを取り上げているとご理解いただきたい。

●=メインのタイプ
○=サブのタイプ

| | 事業をつくる | 基準をつくる | 共通認識をつくる | 関係をつくる | 場をつくる | 共同体をつくる | 人を育てる | 公共を開く |
|---|---|---|---|---|---|---|---|---|
| 01 スクリレ | ● | | | ○ | | | | ○ |
| 02 LEO Innovation Lab | ● | | | | | | | |
| 03 BRING | ● | | ○ | | | | | |
| 04 Regenerative Organic Certified | | ● | ○ | | | | | |
| 05 B Corp | | ● | ○ | | | ○ | ○ | |
| 06 宗像国際環境会議 | ○ | | ● | | ○ | ○ | ○ | |
| 07 瀬戸内国際芸術祭 | | | | ● | ○ | ○ | | |
| 08 Fashion for Good | ○ | | | ● | ○ | | ○ | |
| 09 BLOXHUB | ○ | | | ● | ○ | ○ | ○ | |
| 10 BONUS TRACK | ○ | | | ○ | ● | | ○ | |
| 11 De Ceuvel | | | ○ | | ● | | ○ | |
| 12 PoliPoli | | | | ○ | ● | | | |
| 13 High Line | | | | | ○ | ● | | |
| 14 Forest Green Rovers | | | ○ | | ○ | ● | ○ | |
| 15 Waag | ○ | | | ○ | ○ | | ● | |
| 16 Dutch Skies | | | ○ | | | ○ | ● | ○ |
| 17 Dove Self-Esteem Project | | | ○ | | | | ● | |
| 18 東京都新型コロナウイルス感染症対策サイト | | | | | | ○ | | ● |
| 19 ミーツ・ザ・福祉 | | | ○ | ○ | ○ | | | ● |

1

## 事業をつくる

これまでになかった新たな事業領域をつくる上で、対象となるユーザーや市民、専門家など複層的なステークホルダーを巻き込み、その知見を得ながらサービスや技術を開発し、事業を形づくること。

たとえば、コペンハーゲンの製薬会社レオファーマのイノベーションセンター、LEO Innovation Labのプロジェクトの1つ「Omhu Care」(48頁参照)。新しい薬の開発でなく、ユーザーと医師と共にテクノロジーを使って診療体験のアップデートに取り組んでいる。Omhu Careは症状が変化しやすく誤診も多い慢性皮膚疾患のためのアプリで、患者が肌の写真をアップロードすると48時間以内に認定皮膚科医が症例について診断し、その診断に基づいて治療の選択肢が提示される。患者が提供したデータは匿名化され研究にも役立てている。

2

## 基準をつくる

目標に賛同する複数の組織で、これからの社会に必要な新しい基準や規則を専門家やステークホルダーと共につくること。

たとえば、アメリカの「Regenerative Organic Certified」(56頁参照)。工業的な発想に基づいて自然に則していない管理をする「工業型農業」が招いたさまざまな問題に対して、アメリカ農務省が定めるオーガニック基準をもとに、世界的に権威のある民間の有機農業研究機関やさまざまな分野の認証団体、専門家らの協働によって包括的な世界最高水準の認証制度をつくることができた。

3

## 共通認識をつくる

立場や領域を横断した共通認識をつくり、社会に提言・宣言し、世論を形成していくことで、共通認識に基づいたアクションが実行されるインセンティブをつくること。

たとえば、福岡県の宗像国際環境会議とそこで行われた宣言(64頁参照)。環境問題に取り組む際に、大きな目標は同じだが、手法や立場で対立してしまいやすいという課題に対して、宗像では宗像大社が中心となることでアニミズムの精神（環境問題は人間の心の問題だとする考え方）で、国際的な専門家や自治体の首長、地元の漁業関係者、大学や学生など立場を超えた人々が海の環境課題とそれを解決するための未来図を共有している。

## 4 関係をつくる

それぞれの領域で個別に取り組まれてきた複合的な課題に対して、セクターを横断して組織や人をマッチングしたり議論する機会を設け、関係をつくること。

たとえば、コペンハーゲンのBLOXHUBのアーバンパートナーチーム（76頁参照）。都市化によって引き起こされる課題を扱うBLOXHUBでは、たとえば自転車の駐輪場問題について、建築家・デザイナー・社会学者・モビリティの専門家・企業・市民などと課題を特定し、アイデアを議論する機会をつくっている。

## 5 場をつくる

新たなコンセプトを打ち立てた場をつくることで、これまでになかったコミュニケーションや実験的な活動が誘発される環境をつくること（場はリアル／バーチャルを問わない）。

たとえば、アムステルダムのDe Ceuvel（84頁参照）。汚染された造船所跡地を大学との共同研究で再生しながら、開かれたサーキュラーエコノミー実験場として活用している。アーティストやスタートアップのオフィスやホテル、カフェなどが集積し、さまざまな人が訪れる。そういった生活者や訪問者が集まる場を使って、クリーンエネルギーやコンポストなどの循環型の地域づくりのための社会実験を行っている。

## 6 共同体をつくる

活動に賛同する個人や組織を増やし、各々が同じ目標に向かって活動に貢献する共同体をつくること。

たとえば、ニューヨークのHigh Lineの運営団体Friends of the High Lineとその支援者（92頁参照）。最初はたった2人の青年が始めた鉄道廃線跡の保全活動だったが、地道な発信を重ねるなかで、徐々に大口寄付者、市民ボランティア、市長にいたるまで賛同を得て公園化し、今では同市を代表する観光地になった。Friends of the High Lineという運営団体の名称にも現れているように、この場所の価値を未来につなぐ活動を共に行う“友人のような”共同体がこの活動を支えている。

## 7 人を育てる

必要なステークホルダーを巻き込みながら、これからの時代を生きる人が身につけておくべき知識や力を得る機会を増やし、未来への投資を行うこと。

たとえば、ユニリーバのブランド「Dove」のCSRの取り組み「Dove Self-Esteem Project」（108頁参照）。消費財メーカーが長年発信してきた外見的な「美」の概念が、利用者の自己肯定感を下げ、チャレンジを妨げていたことに気づいたユニリーバは、内面の「美」に向き合い、利用者の自己肯定感を育むためのプログラムを研究機関とつくり、ユニセフやガールスカウト世界連盟などを通じて、2000万人を超える世界中の子どもや女性に届ける活動を行っている。

## 8 公共を開く

これまで公的機関が単独で行ってきたが、課題が複雑化するなかで民間や市民と共に取り組むことでより良い状態にすること。

たとえば、福祉のイベントをまちに開く尼崎市の「ミーツ・ザ・福祉」プロジェクト（116頁参照）。これまで自治体と福祉事業者に閉じられてきた福祉イベントをオープンにし、市民も参加できるイベントに変えた取り組みである。これまでイベントに参加する選択肢しかなかった障がいのある人々が、自ら企画者となり、アイデアを実現できるしくみをつくった。

# 2-2

# 共創プロジェクトの事例紹介

## 事例の見方

本書で紹介する事例の共通目的は筆者が考えたものであり、事例の関係者と一緒につくったものやご確認いただいたものも含まれますが、公式に共通目的として表現されているわけではないことをご承知おきください。

2021年-
横浜市立の学校
理想科学工業株式会社・
横浜市共創推進課

# 01

# スクリレ

## 学校と保護者の連絡手段をデジタル化するサービス

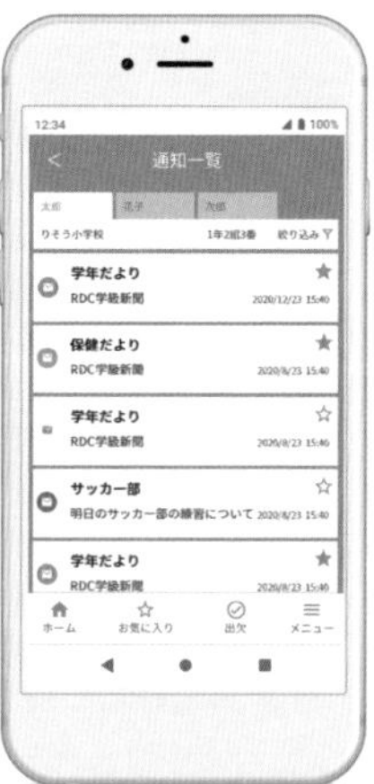

学校と保護者と地域のコミュニケーションツール「スクリレ」(出典：理想科学工業株式会社)

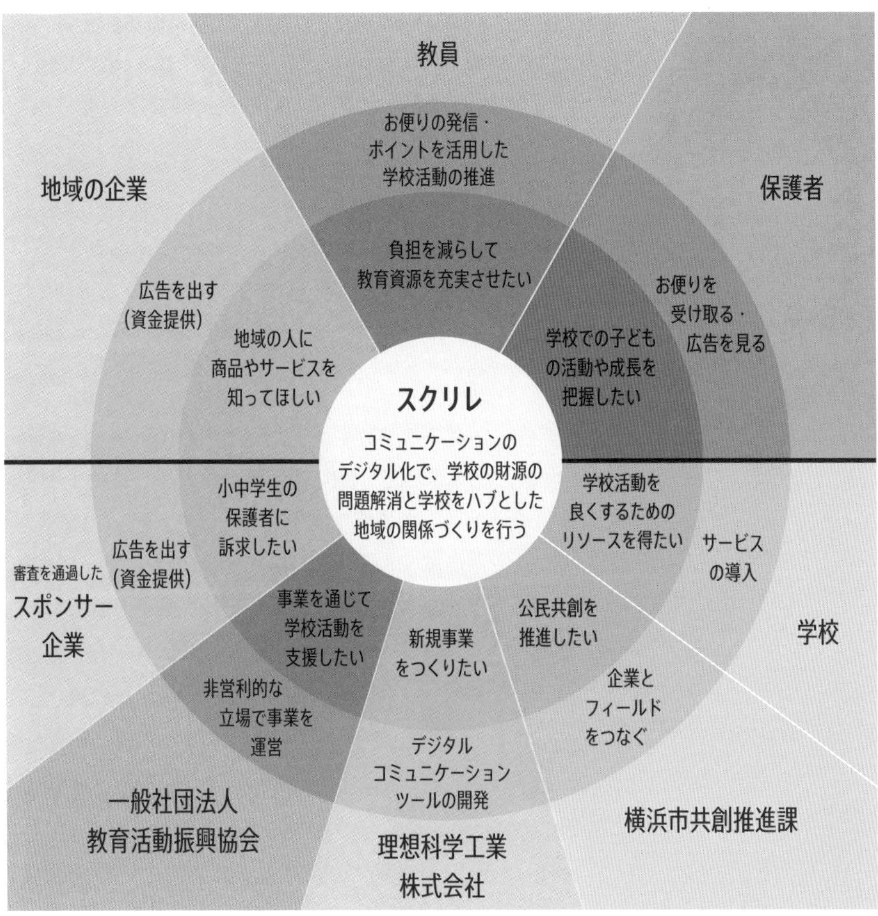


**POINT**

- 横浜市共創推進課が企業と学校のつなぎ手となり、実証実験を行ったことで、自社技術起点ではなく、ユーザー起点の新事業が生まれた。
- 理想科学工業が直接しくみを運営するのではなく、一般社団法人を立ち上げ、広告の審査とポイントの付与を中立的な立場で行っている。
- 一方通行だった学校→保護者のお便りが、保護者が広告を閲覧すると教員が備品と交換できるポイントが貯まる双方向の関係になった。
- お便りの広告をきっかけに保護者が地域の企業やお店を知るという新たな関係を生み出している。

# 教育現場を豊かにしたい想いが共創を引き出し、新たな事業をつくる

「スクリレ」のプロジェクトの主体である理想科学工業は、主に学校の印刷機をはじめ、教育現場で役立つ製品・サービスを提供する会社である。同社が多くの教育現場で出会ったのが、「教育活動を充実したくても、財源の問題で実現できない」という声だった。

そこで、新たなサービスの開発を通じて、この課題の解決に貢献したいと考え、横浜市の共創推進課へ相談が持ち込まれた。横浜市には「共創推進課」という部署があり、さまざまな公民連携制度・手法を一括して所管し、民間・行政内部から相談や提案を受け、マッチングやコンサルティングを行う「公民連携のハブ」の役割を担っている。

まず、理想科学工業は既存のリソースを使って取り組めることを考え、学校から生徒に配布される「お便り」を題材に学校側に負担をかけずに教育現場を良くする事業アイデアを考えた。最初のアイデアは、通常学校で使用されているモノクロの印刷機をカラープリンターに変えて、スポンサー企業が広告を出稿することでそれを無料でリースし、写真などを用いてお便りを学校生活の雰囲気が伝わりやすいものにして情報提供の質を高めるというものだった。

いきなり事業化するのではなく、まずは共創推進課を通じて、横浜市内の小学校5校とつくば市の小学校5校につながり、実証実験を行った。そこで、広告を地域や教育に関するものに絞ることで、広告が入ったお便りを保護者に送っても違和感がないことが確認できた。しかし、実証実験をしてみたことで、お便りの課題は、情報の質を高めることだけではなく、そもそも「紙媒体の管理が困難」「生徒経由で保護者に渡す方法ではうまく届かないこともある」といった別の課題に直面することになった。

そこで、「教育現場を少しでも豊かにしたい」という想いを持つ理想科学工業は、既存の製品を活用するのではなく本質的な解決策を探ることに切り替えた。共通目的をアップデートして臨んだ2回目の実証実験を経て、生まれたのが「スクリレ」である。

スクリレは学校と保護者の連絡手段をデジタル化するサービスである。学校が配布するお便りを、デジタルで保護者のスマートフォン

に確実に届ける。さらに、アプリ上の広告を保護者が閲覧することで、学校がポイントを獲得することができ、貯まったポイントは、学校で使う備品などに交換できるという、学校の財源問題にも貢献するしくみである。

広告は一般社団法人教育活動振興協会（SAPA）によって審査され、公共性の高い場に表示することが相応しいものが選ばれている。今後は地域に根づいた企業や商品の広告掲載を進め、地域活性化にもつなげていきたいと考えている。

スクリレは「基本の利用料を無料にする」「保護者の個人情報を取得せず使える」という点にこだわり、導入ハードルをとことん下げ、開始3カ月で200件を超える申し込みがあった。今では利用者からの改良希望の声をアプリのレビューから受けつけ、なかには厳しい意見も寄せられるが、それらの声を受けてサービスを日々アップデートできるようになっている。

最初は自社の既存の技術提供に留まっていた事業アイデアが、共創推進課との共創により、保護者と学校、地域との新しいコミュニケーションの循環をつくるアイデアに変化した事例である。

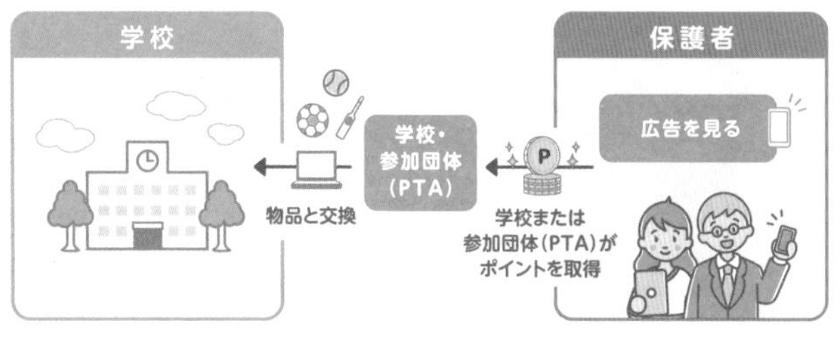


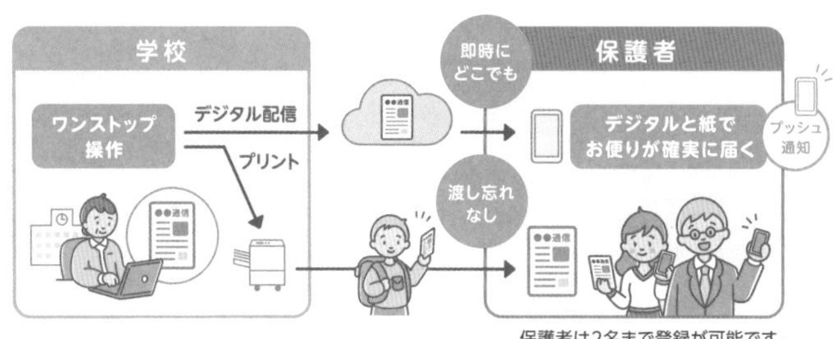


スクリレのしくみ（出典：理想科学工業株式会社）

2015年-
デンマーク・コペンハーゲン市
レオファーマ株式会社

# 02

# LEO Innovation Lab

## デジタルテクノロジーでヘルスケア分野の
## イノベーションを加速させるラボ

LEO Innovation Labの入居する建物（筆者撮影）

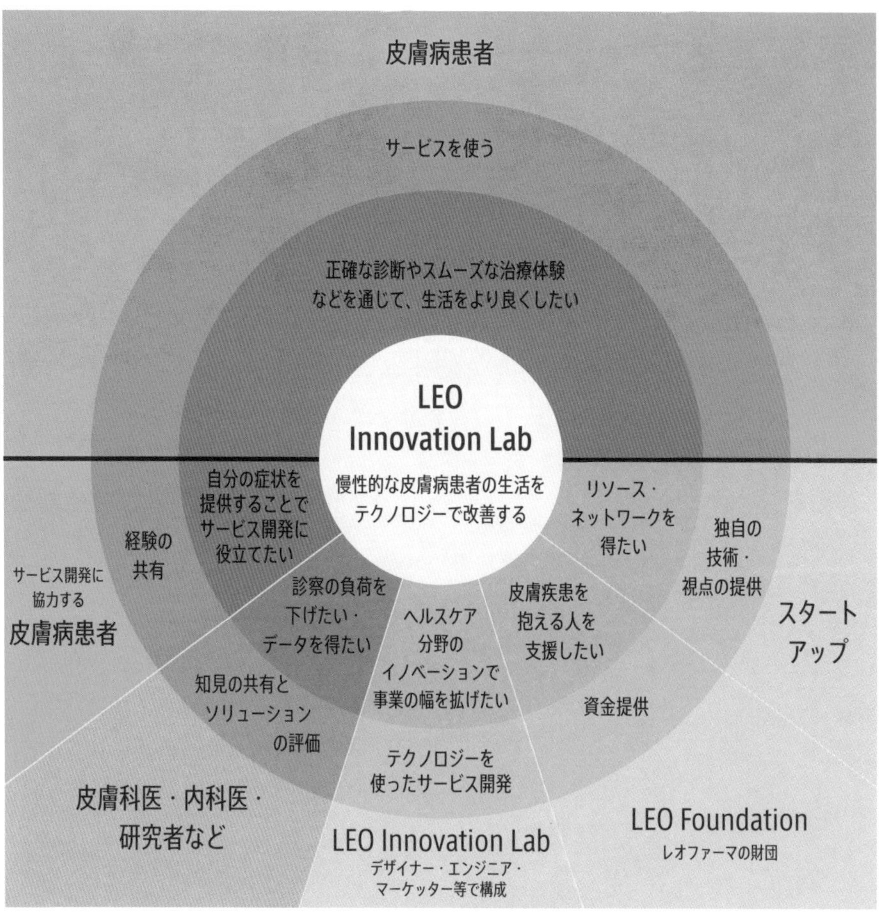


共創に関与するステークホルダー

主体的な共創パートナー

**POINT**

- LEO Innovation Labの目的である「ヘルスケア分野のイノベーション」ではなく、ステークホルダー全員が自分たちごとにできる「慢性的な皮膚病患者の生活をテクノロジーで改善する」という共通目的を設定することで、患者や医師との共創をもたらしている。
- 企業が直接運営費用を出資するのではなく、財団を経由して出資することで短期的な成果を求める圧力を受けにくい。
- 本来サービスを受ける側の患者が、サービスを共につくるパートナーになっている。

# 製薬会社が患者の診療体験をアップデートする

レオファーマは、1908年創業の皮膚科領域に特化したデンマークの大手製薬会社である。LEO Innovation Labはレオファーマのイノベーションセンターとして2015年に立ち上げられた。

レオファーマのすべての利益は患者のための事業に再投資される。これを可能にしているのは、レオファーマの株式の大半を、レオファーマの財団LEO Foundationが保有する形にしているからだ。それによって外部からの圧力を受けることなく、患者のために本当に必要な投資や、長期的に考えなければならないイノベーションを生み出すことに集中できる環境がある。LEO Foundationは1984年に設立され、2022年現在、約20億ユーロの金融資産を所有し、レオファーマの長期的な発展を支えながら、世界中の皮膚病研究プロジェクトに資金を提供している。

LEO Innovation Labは皮膚病患者の診療体験（ペイシェント・ジャーニー）をアップデートするべく生まれた。本社とは異なり、デザイナー・エンジニア・マーケター・研究者などさまざまな専門性を持つメンバーが50〜100名ほど在籍している。

ここで生まれたプロジェクトは成長するとブランドとして独立していくシステムになっており、実際にいくつかのプロジェクトは独立して

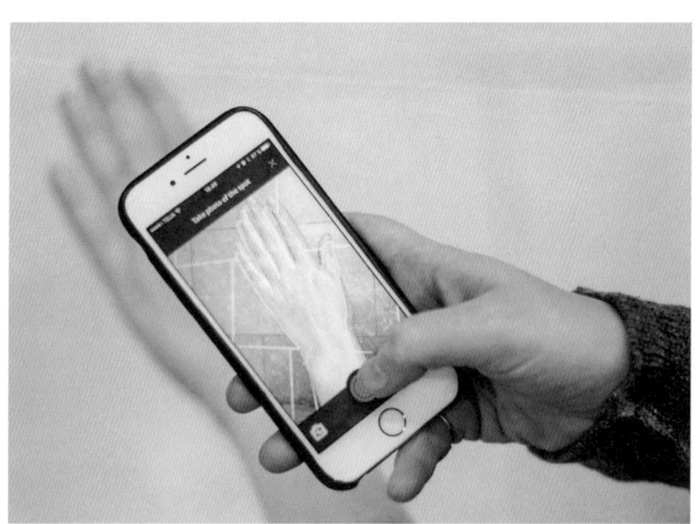

「Omhu Care」のアプリ（出典：LEO Innovation LabのHP）

いる。

たとえば「NOIE」というブランドは、ユーザーがスキンケアテストを行った結果を元にカスタマイズされたスキンケア製品を提供しており、提供後にユーザーから結果を聞いてアフターフォローまで行う。ほかにも「Omhu Care」は、ユーザーがアプリで肌の写真をアップロードすると48時間以内に認定皮膚科医が症例について診断し、その診断に基づいて治療の選択肢が提示される。

こういったソリューションが求められる背景として、本来は10万人あたり4人の皮膚科医が必要と言われるなかで、デンマークでは10万人あたりわずか1.6人の皮膚科医しかおらず、患者は皮膚科医の診察を受けるまでに最大23週間も待機しなければならないといった事情がある。そのためLEO Innovation Labは、テクノロジーを使い、より早く、より効率的に適切な医療にアクセスできるさまざまなサービスを提供している。

日本では企業間のイノベーションセンターが多いが、LEO Innovation Labでは専門家とユーザーが社会課題を解決するサービスを開発している。特にユーザーとの関係を重視しており、2週間に1回、Labに患者が訪れ、自身の症状を情報提供するなど、共にコミュニケーションをとりながら開発が行われている。そのようなユーザーのアクセスを考慮してか、コペンハーゲンの中心部に位置する歴史ある建物にLabは入居している。

事業で利益を生み出すことよりも、社会の課題を解決することで結果的に本業の収益や未来につなげることがミッションとなっている事例だ。

2010年-
日本
株式会社JEPLAN

# 03

# BRING

## 服の回収からリサイクル、再生素材を使った洋服の販売までを行う事業

廃棄される服と再生素材から新たに生まれた服（出典：株式会社JEPLAN）

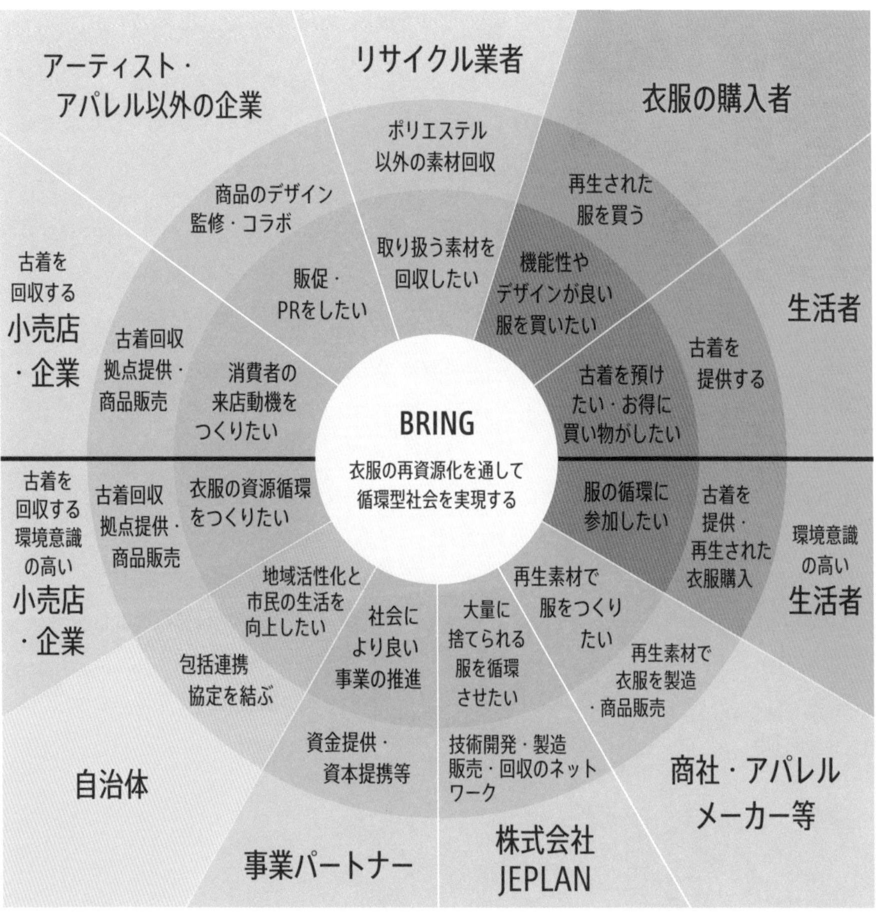


**POINT**

- 共通目的に賛同する複数の小売店と協力し、古着の回収のインフラをつくっている。
- お得に買い物ができるインセンティブをつくることで、環境意識が高くない生活者も資源循環の輪に参加させている。
- 回収した古着からできた再生素材を使って、商社・アパレルメーカー等が新たな服をつくるサイクルができている。
- アーティスト・アパレル以外の企業とのタイアップにより、環境意識の高くない層にも再生素材の服を届けている。

# リサイクルベンチャーが消費者と取り組む資源循環のプラットフォーム

「BRING」はリサイクルベンチャーのJEPLANが主導し、さまざまな企業や消費者と共に衣服のリサイクルを行う取り組みだ。

世界では毎年9200万トン、日本でも年間およそ147万トンもの衣服・繊維くずが廃棄されており、これらの多くが焼却もしくは埋め立て処分されている。

衣服をつくるためには、石油などの資源が必要になるが、そうした地下資源は有限であり、このまま大量生産と大量廃棄が続くと、石油は枯渇し、資源を巡って国同士の争いが起きかねない。

そのため、衣服を大量廃棄するのではなく、古着を回収し化学分解して生成した再生素材から再度服をつくるという資源循環のしくみがBRINGである。JEPLANは、ポリエステル繊維に係る服から服をつくる技術に強みがあり、服に含まれるポリエステルの原料である石油の使用量削減に貢献しようとしている。自社だけで資源を循環させるサプライチェーンのしくみをつくっているのが特徴だ。

服の循環サイクル（出典：株式会社JEPLAN）

資源の循環を成立させるためには大きく2つのアプローチがある。

1つめは、多くの企業と連携するもの。

コンセプトに賛同した企業が、古着の回収拠点を提供する。消費者から古着を回収し、JEPLANに送られる。その中で、ポリエステル製品に関しては同社の工場で再生ポリエステル素材に生まれ変わらせ、その他の素材は素材に応じてパートナー企業の下でリユース・リサイクルされる。

2つめは、JEPLAN単独で行うもの。

同社が運営するBRINGのサイトで、消費者が商品を注文すると、着なくなった服をリサイクルするための発送封筒も一緒に届く。着なくなった服を封筒に入れてポストに投函すると、同社の工場に届き、服の素材に応じたリサイクルが行われる。

このプロジェクトは消費者参加型のしくみをつくったことに特徴がある。そのしくみとは、多数の企業の協力のもと回収箱を設置して消費者から古着を集めることだ。最初は数社の協力を得てスタートしたが、今では160社以上の企業と一緒に取り組んでいる。

また、回収するしくみを整えるだけでなく、多くの人に参加してもらうためにエンターテインメント性にも力を入れている。たとえば、ショッピングモールなどで映画『バック・トゥ・ザ・フューチャー』に登場する、ごみを燃料として走る車「デロリアン」を持ち込んだイベントを開催し、環境意識が高くない人にもこの取り組みに関心を持ってもらう工夫もしている。

このようにBRINGは、生産者だけではなく、消費者も巻き込んだプラットフォームとして循環の輪を広げていく活動を続けている。

リサイクルベンチャーの株式会社JEPLANは、もともと日本環境設計株式会社として2007年に立ち上げられた。2022年6月、創業15年という節目を迎え、創業時から使われている社名の英語表記JEPLAN, INC.に日本語表記も統一し、今後の国内外における事業拡大に向けて新たなスタートを切ったようだ。

2017年-
アメリカ
Regenerative
Organic Alliance

# 04

# Regenerative Organic Certified

## 世界最高水準の包括的な
## リジェネラティブ・オーガニック認証制度

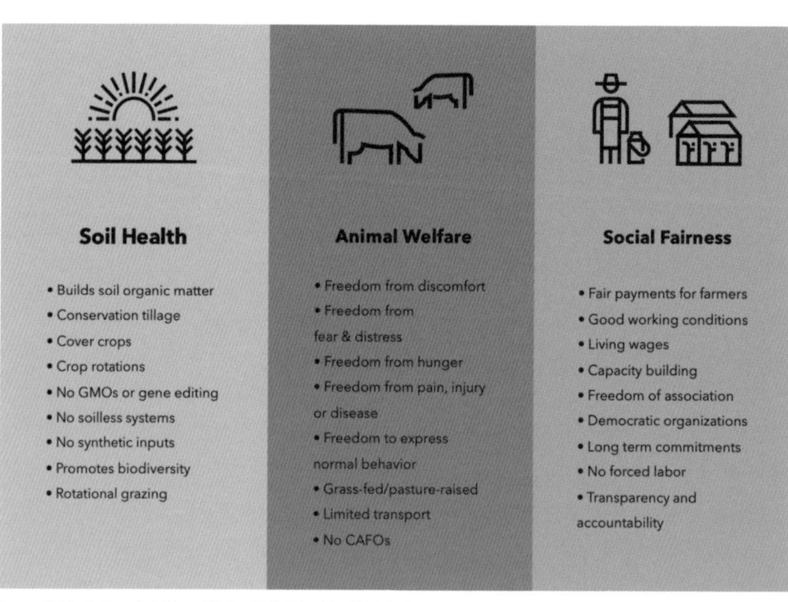


ROCを構成する「土壌の健康」「動物福祉」「社会的公平性」の3つの柱
(出典：Regenerative Organic AllianceのHP)

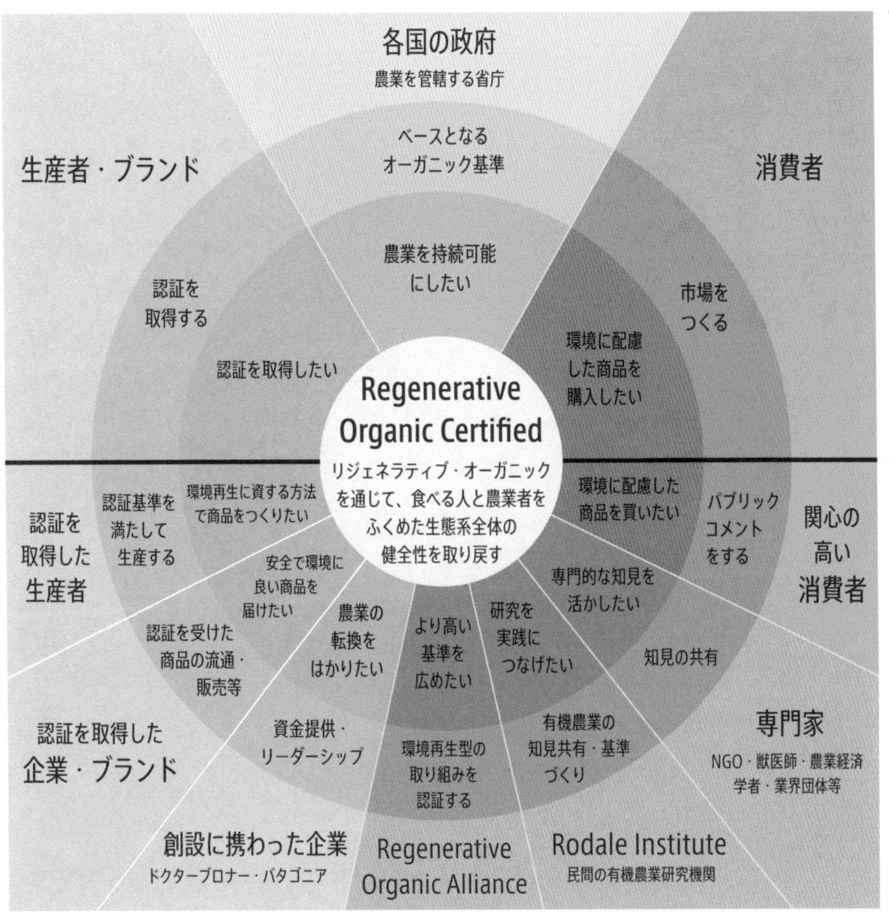


**POINT**

- ▶ 同じ課題意識とそれに対する解決策を共有する研究機関と企業が中心となり、専門家やブランド・生産者を巻き込んで包括的な認証制度を立ち上げた。
- ▶ 新たな生産者が認証に参画していくことで流通が広がり、消費者が選ぶようになることで市場が生まれる。
- ▶ 国の有機認証の基準をベースとしながら、さらに包括的に高い基準をつくることで社会の方向性をリードしている。

## 農業と食を通じて生態系全体の健全性を取り戻す最高水準の認証制度

「Regenerative Organic Certified」(以下、ROC)は、リジェネラティブ・オーガニックの実践を推進するために「土壌の健康」「動物福祉」「社会的公平性」の3つの柱を1つにまとめた包括的なリジェネラティブ・オーガニック認証である。Regenerative Organic Alliance(ROA)は、この認証をつくり、そして継続的に見直して更新していく組織のことを指す。

農業は気候危機を深刻化させている炭素排出量の25%を占めていると同時に、干ばつや水害など気候変動による多大な影響を受ける産業でもある。これまで、工業的な発想に基づいて自然に則していない管理をする「工業型農業」を行い続けてきたことで、土壌劣化、農薬や化学肥料の過剰使用、農地拡大による自然環境の消失、動物福祉のない家畜工場などの深刻な問題を招いている。

しかし、農業は解決策にもなりうる。健全な土壌は大気中の炭素を土壌中に隔離すると同時に、作物や人々の健康を支える。家畜は工業的な扱いを受けるのではなく、動物福祉を満たしていなければならない。そして、労働者の待遇や環境が公正でなければ、健全かつ持続的な農業経営を行うことはできない。これらの3つはそれぞれ重要なことであり、どれも欠かすことができない。そういった考えのもと、それぞれの分野の既存認証を取得していることを前提に、3つの分野を包括するROCがつくられた。

ROCでは、リジェネラティブ・オーガニックへと転換していくために、上記の3つの分野それぞれで具体的な要件を提示しており、段階を追って取り組みを始めやすいようにブロンズ、シルバー、ゴールドの3つのレベルが認証内に設けられており、生産者は時間をかけながらレベルに沿って自身の農業をより良くしていくことができる。なお、認証はどのレベルにおいても年に1回、再度審査を受けなければならず、厳格な基準に対して継続的に取り組むことが求められる。

この包括的な世界最高水準のリジェネラティブ・オーガニック認証制度はアメリカ農務省が定めるオーガニック基準をもとに、世界的に権威のある民間の有機農業研究機関 Rodale Instituteやさまざまな分野の認証団体、専門家らの協働によってつくられた。Rodale Instituteの研究によれば、もし世界中のすべての農用地が

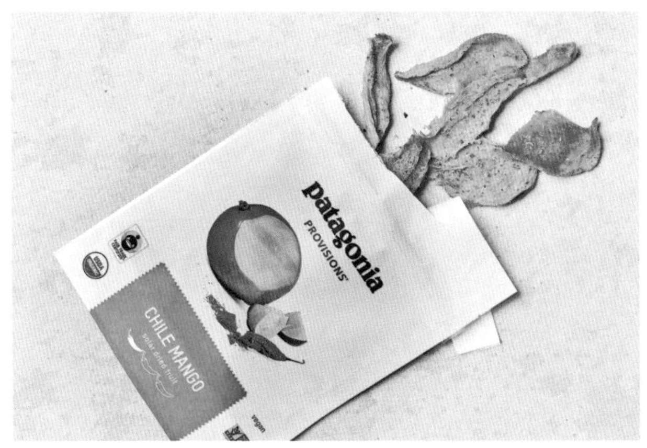


ROCの認証を取得しているパタゴニア プロビジョンズのチリ・マンゴー
(©2022 Patagonia, Inc. 出典：パタゴニアのHP)

リジェネラティブ・オーガニック農法を導入すれば、気候変動を止められる可能性もあると指摘している。現在、アメリカだけでなく世界中へ広がりを見せているこの基準は、日本でも2021年にリジェネラティブ・オーガニック認証のフレームワークが翻訳されるなど、その動きは加速している。

このように、地球規模の複雑で重要な課題を包括的に捉えた基準をつくることで、これからの社会に求められる価値観や具体的な解決策を専門家・生産者・ブランドやメーカー・消費者が共有し、同じ方向を向くことができる。こうした市場や価値観を形成していく取り組みは、企業1社ではできない共創である。

また、ROCの創設に関わったアメリカのアウトドア企業であるパタゴニアは、もともと農業の可能性に注目し研究を行っており、オーガニックコットンやヘンプ、ウールなどの天然繊維を使用し、パタゴニア プロビジョンズという食品事業を展開してきた。

ROCの策定に取り組むことは、同社の存在理由である「私たちは、故郷である地球を救うためにビジネスを営む。」に合致しており、ROCのようなこれからの社会に必要な基準づくりを支援することが、「地球を救う」という自社のパーパスとビジネスの市場を育てることを両立させている。

2007年-
アメリカ・ペンシルバニア州
B Lab

# 05

# B Corp

## 環境や社会に配慮した「良い企業」を認証する制度

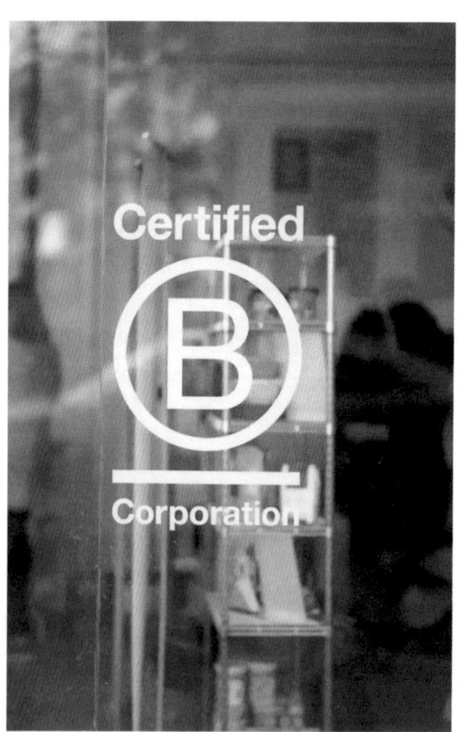


認証取得済み企業が使用できるB Corpのロゴ
(出典：B Impact AssessmentのHP)

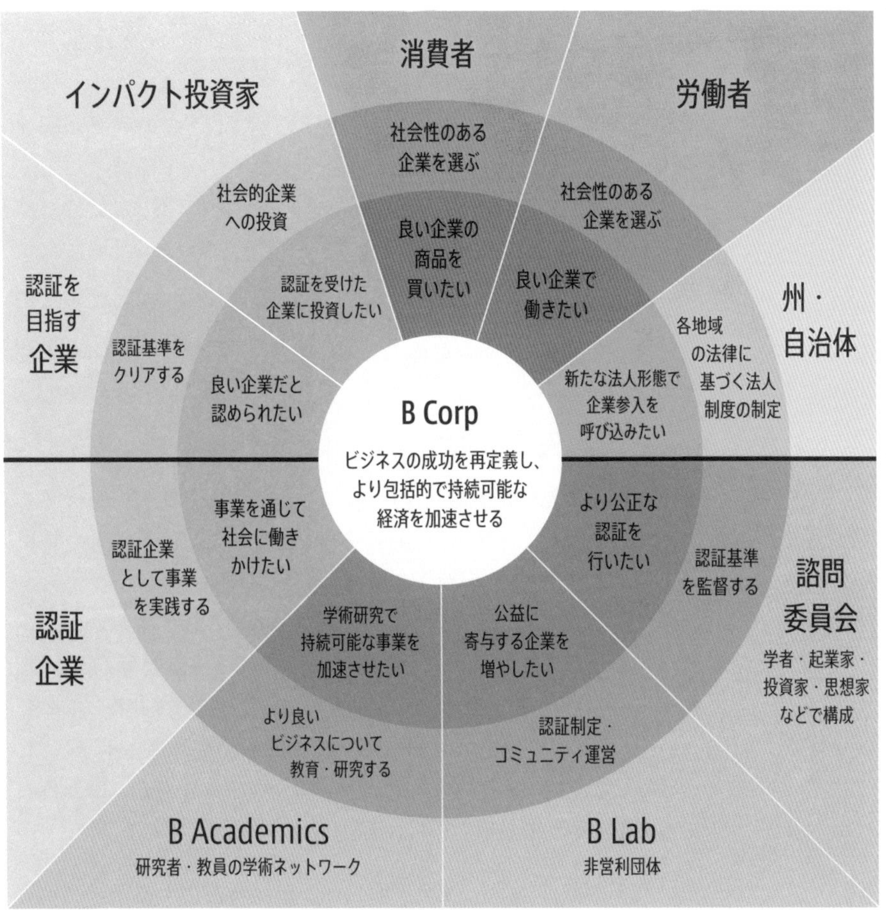




POINT

- 認証制度を超えて、活動が新たな価値観を目指す共同体になっている。
- 国や地域に働きかけ、新たな法人形態をつくることに成功している。
- B Corpの認証を取得することが企業にとってはブランディングにつながり、消費者の購入動機と労働者の志望動機につながっている。
- B Labが「良い会社」の基準をつくり、学術ネットワークが教育や研究を行い、認証企業はそれを実践することで、それぞれの立場からビジネスの成功を経済合理性一択ではないものに再定義している。

# 公益に寄与する企業を増やすムーブメント

「B Corp™」は、アメリカの非営利団体B Lab™が運営する、環境や社会に配慮した「良い企業」を認証する制度で、2022年4月時点で世界79カ国、4900社以上の組織が認証されている。

これまでもフェアトレード認証やLEED認証など社会や環境に配慮した認証制度はあったが、企業そのもののあり方を認証する制度はなかった。2006年、ビジネスの成功を再定義し、より包括的で持続可能な経済を加速させるため、B Labが設立された。

B Labのファウンダーの2人はスタンフォード大学の同級生で、もともとはスポーツ・アパレルのブランドAND 1を起業し、B Corpの基準を満たすような企業経営をしていた。

B Corpの認証を取得するためには、「B Impact Assessment（BIA）」と呼ばれる、自社の社会的・環境的パフォーマンスを評価・比較・改善するためのツールを活用し、さまざまな質問に回答する必要がある。「ガバナンス」「ワーカー」「コミュニティ」「エンバイロメント」「カスタマー」という5つのセクションで審査され、それぞれスコアがつけられる。企業の規模や事業内容によって回答する質問内容は異なっており、多様な業態に適したチューニングがされている。基準をクリアするためには5つのセクションで合計200点満点中80点以上を獲得しなくてはならず、認証へのハードルは高い。また、売上高に応じた年会費を支払うことも認証取得の条件となっている。

また、認証は3年ごとに更新され、その都度審査されるため、一度認証を受けた企業でも常にアップデートしていくことが求められる。

B Corpで認証された企業の定款には「公益に寄与する」ことを明記する必要がある。これだけの厳しい基準をクリアすることで、良い企業であることが社会的に認知され、消費者が認証された企業の製品やサービスを積極的に購入したり、認証された企業で働きたい人材が増えるなどの効果が見られる。厳しい基準を策定するために、学者・起業家・投資家・思想家などからなる独立した諮問委員会を設置し、第三者的な視点を取り入れている。

この活動は最初、19の企業に認証を与えることから始まった。そんなボトムアップの取り組みが、株主至上主義に疑問を持つ若い世代

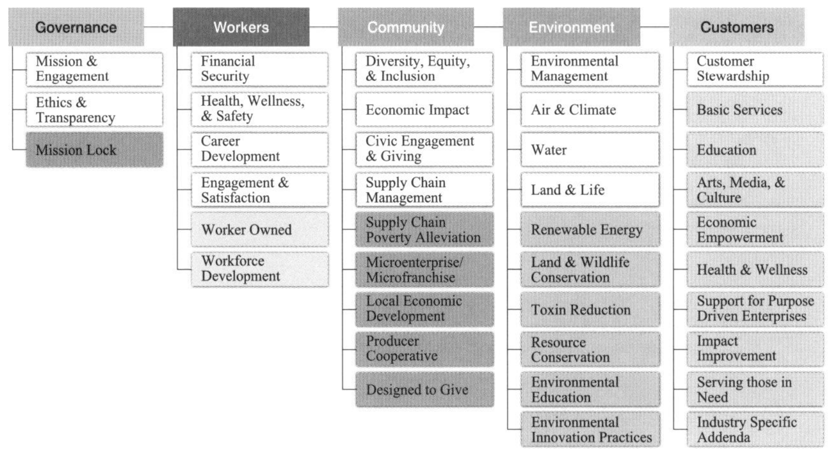


B Impact Assessment Structure（出典：B Impact AssessmentのHP）

を中心とした共感を得て、現在は世界的なムーブメントに広がっている。

さらに、B LabはNPOでも株式会社でもない「Benefit Corporation」という新たな法人形態として制度化するよう、国や地域に働きかけ公的な制度にする活動も行っている。実際にアメリカの過半数の州やコロンビア、イタリアなどではこの法人形態が認められている。

日本においては、B Corpに認証されている企業はまだ数えるほどしかいないが、その1つの要因としては、この基準が日本語対応されていないことだろう。2022年にはB Corpの指南本の日本語版『B Corpハンドブック』（バリューブックス・パブリッシング）が出版された。この本は「B Corpハンドブック翻訳ゼミ」という有志の翻訳活動によって生まれた。こうした取り組みから、日本においてもこれからますます活動の輪が広がっていくことを期待したい。

2014年-
福岡県宗像市
宗像大社

# 06

# 宗像国際環境会議

## 世界遺産を舞台に海洋環境の保全と発信に取り組むコンソーシアム

第7回宗像国際環境会議の様子（出典：宗像国際環境会議）

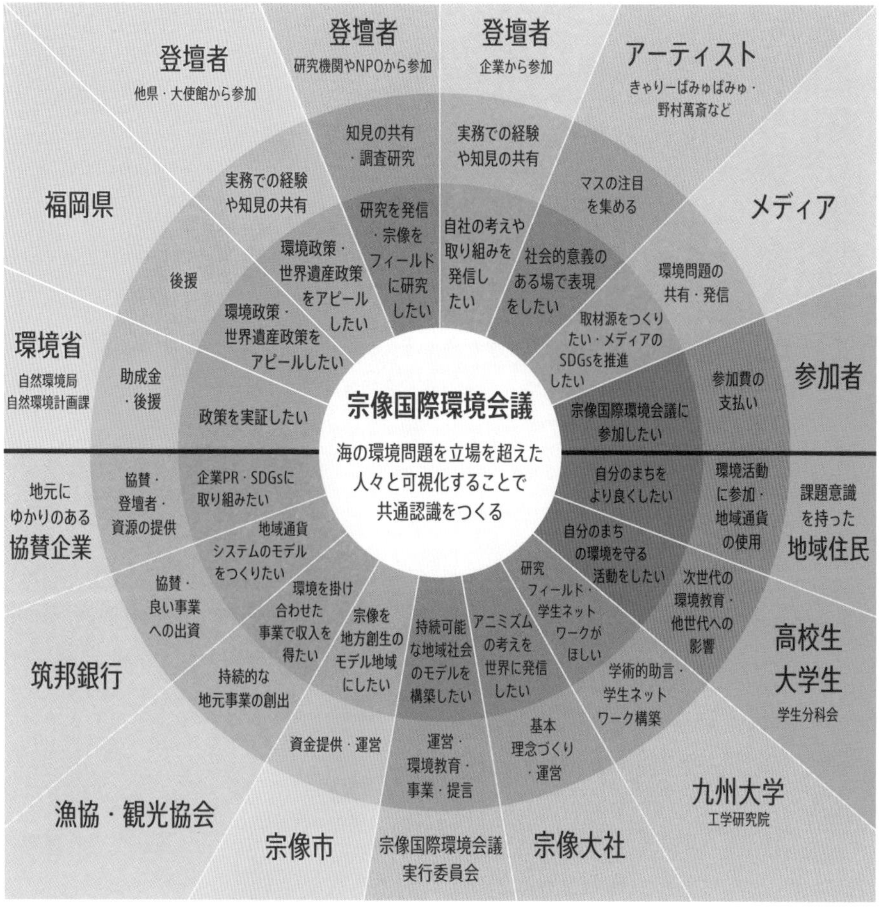


共創に関与するステークホルダー

主体的な共創パートナー

企業　行政　市民　大学・研究機関・専門家

POINT

- 会議の参加者は国際的な研究者から地元の漁業協同組合、学生まで多様である。
- 宗像大社という企業でも行政でもない地域の歴史と関わりの深い存在が中心となり、多様な関係者をつないでいる。
- 企業や地域金融機関の協賛金・参加者の会議参加費・環境省や文化庁等の政府の補助金といった多様な資金源により、持続的な運営を行っている。

# 歴史ある神社が人の心と活動をつなぎ、環境問題に取り組む

宗像（むなかた）国際環境会議は、行政・研究者・大学・企業・学生・NPOなど立場を超えた人々が年に1回集まり“海の環境問題”を議論する“環境版ダボス会議”を目指し2014年に創設された。会議では、シンポジウム、交流会、フィールドワーク、子どもたちの育成プログラムなどが実施されている。

宗像市は福岡市と北九州市の間に位置する人口9万7000人ほどの地方都市。2017年に「神宿る島」宗像・沖ノ島と関連遺産群がユネスコの世界文化遺産に登録されている。

世界遺産登録の機運が高まる2014年、地球温暖化、磯焼け、プラスチック等の漂着ごみなどの影響で年々漁業が厳しい状況になっているという漁業関係者の声を聴いていた宗像大社の宮司が、環境問題に長年携わってきたことがきっかけとなり、宗像市と共に海の環境保全を進めるために宗像国際環境会議実行委員会が設立された。

世界遺産の登録後、観光集中や環境悪化などの問題にさらされている地域は多いが、宗像のように世界遺産を“世界危機遺産”と捉えて、環境保全活動に熱心に取り組んでいるところは少ない。

このような環境活動はいろいろな人が集まれば集まるほど「地球環境を守りたい」という大きな目的は共有できても、その解決手法で分断を生むこともあるが、宗像の活動は、宗像大社によるアニミズムの世界観で環境問題を“心の問題”として捉え、あらゆる立場の人が気持ちを重ねられる、緩やかなまとまりをつくっている。

この活動がスムーズに展開できている背景の1つに、1962年生まれの寅年の同世代のつながり「寅の会」や、地元の漁業・飲食業の有志が立ち上げた「鯱（しゃち）の会」と呼ばれるネットワークの存在がある。こうした地元の横断的なつながりがプロジェクトを推進する原動力にもなっている。

会議の運営は福岡に拠点を置く企業からの協賛金で成り立っているが、どの企業からも1社数十万円程度にとどめている。協賛金を多く出した企業の意見が通りやすい状態にしないためのガバナンスであり、協賛金を少額に抑えて現物提供による協賛も歓迎するなど、参加企業がフラットな立場で無理せず長く関われることが目指

されている。

宗像国際環境会議では、自然崇拝の信仰が世界遺産にもなったこの宗像の地から、自然と共存する日本の精神性を世界へ伝えていくことの意義やその必要性を発信している。毎年、会議では自然を中心とした社会を宗像から構築することを宣言する「宗像宣言」を採択し、宣言書を環境大臣へ手渡している。

2020年には、福岡県知事、静岡県知事が、海の神殿「『神宿る島』宗像・沖ノ島と関連遺産群」と山の神殿「富士山－信仰の対象と芸術の源泉」による世界遺産連携について共同声明にサインした。

宗像国際環境会議は、地域にさまざまな波及効果を生んでいる。たとえば、会議に登壇したスタートアップのJEPLANに、地元の金融機関の筑邦銀行が投資を決めるなど参加企業の活動につながる展開も見られる。

また、市民による漂着ごみの海岸清掃や、海の環境を整える竹漁礁づくりなどの活動が生まれたり、大学や高専と連携して地元の学生を中心にした保全活動や国際会議での学生分科会も発足するなど、地域のさまざまなステークホルダーを巻き込んだ活動に広がっている。

さらに、宗像のこうした取り組みを元に、世界遺産の観光としての活用と、環境保全活動を同時に実践していくための広域ネットワークを構築する構想も興味深い。

宗像というローカルなフィールドで大学や企業、地元の学生や漁協が組み、実証実験やエコツーリズムの事業化を試行しつつ、国際会議では県知事や環境省職員も出席し、国際的な研究者や経営者と共にグローバルな視点で議論するという、「Think globally, Act locally」を体現している貴重な国内事例である。

地元の漁師と高専生による竹漁礁づくり
（出典：宗像国際環境会議）

2010年-
香川県
瀬戸内国際芸術祭
実行委員会

# 07

# 瀬戸内国際芸術祭

**美しい島々を拠点に、アートによる交流で
地域の活力を取り戻すイベント**

2019年の瀬戸内国際芸術祭で沙弥島海水浴場に制作された作品、
五十嵐靖晃「そらあみ〈島巡り〉」(出典：瀬戸内国際芸術祭のHP)

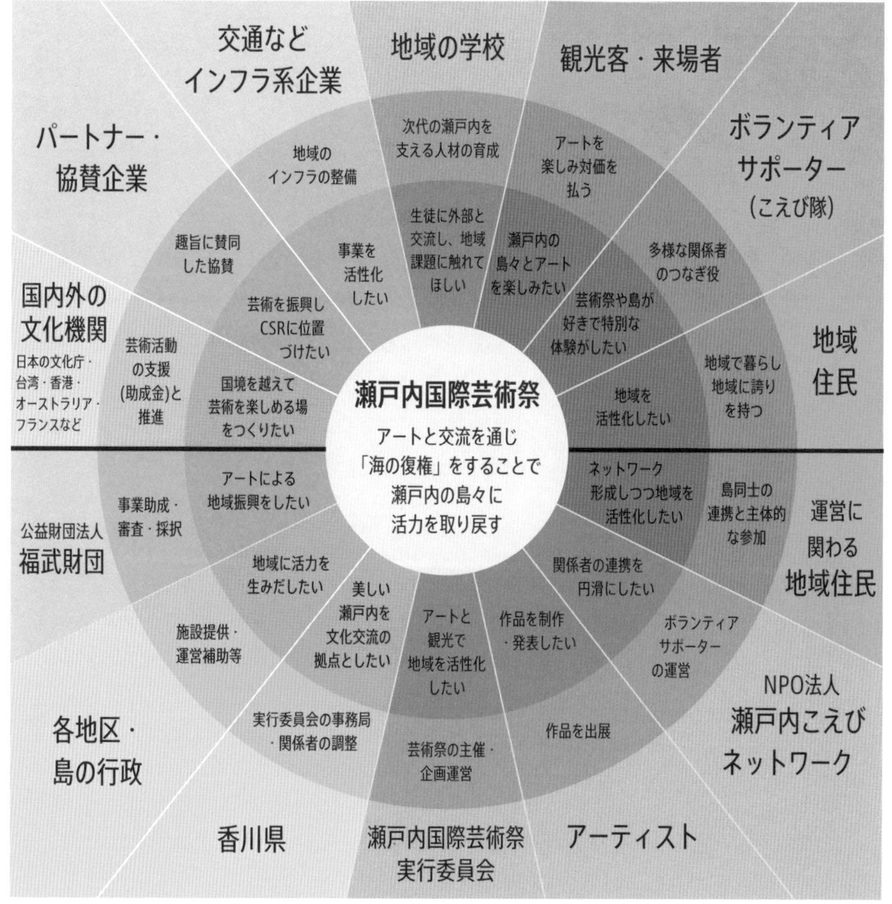


**POINT**

- 1つの島にとどまらず、瀬戸内全体での取り組みを香川県・福武財団が同時期に構想したことがはじまりとなった。
- アーティストが地域に深く関わる芸術祭であり、地域住民も運営に関わっている。
- ボランティアサポーターたちが、地域住民やアーティスト、行政・島同士など多様な関係者とのつなぎ役を担っている。
- 次世代の育成のため、地域の小学生から大学生までが課外活動として芸術祭に参加している。

# 島の内外の人が一緒につくる、島の特性を活かした芸術祭

瀬戸内国際芸術祭は、2010年から始まった「海の復権」をテーマに掲げる芸術祭である。3年ごとに瀬戸内の島々で開催され、アートによる交流を通じて地域の活力を取り戻すための活動だ。各島に設置された現代アートを鑑賞するために、世界中の人々が島を訪れる。

この壮大なプロジェクトの始まりには2つの動きがあった。

1つめは、古くから建築家やアーティストを受け入れてきた地域の特性を活かし、アートによる地域活性化を模索していた香川県の動きだ。2004年、若手職員らによる瀬戸内の島々を舞台にした国際美術展の開催が知事へ提言される。もう1つが、「ベネッセアートサイト直島」などを手がける公益財団法人福武財団（当時は直島福武美術館財団）の動きである。香川県の動きと同時期に瀬戸内の島々をアートで結ぶ「瀬戸内アートネットワーク構想」が発表された。

これらの2つの動きや市民の活動が重なり、現在の瀬戸内国際芸術祭の源流が生まれていった。しかし、当初、県の担当者は兼務の1名のみで、最初は思うように構想が前に進むことはなかった。ただ、その間にも他の芸術祭の視察や、直島全域を使った展覧会に合わせて航路の新設や増便の実験を行うなどして、少しずつ関係者やノウハウの蓄積を行っていた。

転機となったのは、北川フラム氏が直島のアートディレクターに着任し、彼の口から「瀬戸内国際芸術祭」の構想が語られたことだった。この夢のある話は新聞に大きく取り上げられ、世間からの期待を受けたことで、いよいよ具体化に向けて加速し始める。

関係各所との調整を経て、2008年瀬戸内国際芸術祭実行委員会が設立され、香川県が事務局を務めることとなった。そこから、アーティストが地域の人とうまくやっていけるように、その場所にふさわしい作品ができるように、それが地域のためになるように、芸術祭が関わる全員にとって良いものになるように、丁寧なコミュニケーションが行われた。

もう1つ注目したいのが、バスや船の交通事業者との協力である。事業者の理解が得られるまで県の担当者が説明を重ね、インフラを整えていった。特に、来訪者の利便性を考え、規模も形態も異な

る事業者がそれぞれ運行する航路を「共通券」で乗ることができるようにした取り組みは日本初のものとなった。

2019年の芸術祭には、32の国と地域から230組のアーティストが参加し、島の自然や多様な風土、固有の民俗や産業からインスピレーションを得た、島を再発見するような作品を創作・展示した。この年は118万人が来場し、地域への経済波及効果は180億円と言われている。

この芸術祭は、自社のCSR活動などに位置づけ継続的な支援をする企業・団体パートナーのほか、地元企業の協賛が非常に多いことも特徴だ。また、国内だけではなく、オーストラリア・フランス・台湾・オランダ・香港といった海外の文化機関からの助成も受けるなど、国際的にも高く評価されている。

多様な世代・国籍の人々が島外から訪れ、観光客としてはもちろん、運営のボランティアサポーターとして気軽に参加できるしくみが整えられている。ボランティアサポーターは「こえび隊」という名称で、アーティストの作品制作の補助やガイドなどを行う。参加形式も多様で、泊まりこんで参加する人から、その場で参加できるドロップインまでいろいろな関わり方が用意されている。2010年から2019年の間にのべ約4万人がボランティアサポーターとして参加し、2019年にはのべ9458人が参加したうち、アジア諸国を中心に海外からの参加が18%、年齢層も10代から60代以上まで幅広く、国内外で芸術祭の取り組みが広く認知されていると言える。

島内でも、老若男女問わず島民が芸術祭の活動を支え、島外から訪れる人々と協働している。瀬戸内の未来を担う若者として、地元の小学生から大学生までが課外活動で参加するほか、島間のネットワークづくりも芸術祭には欠かせない。

このように、瀬戸内国際芸術祭の開催には、アーティスト・ボランティア・地域住民・国内外からの来訪者・民間企業・行政などさまざまな人が関わり、誰かが突出することなく、それぞれが自分の役割を果たしながら、全体に貢献するというまさに共創の取り組みが実践されている。

2017年-
オランダ・アムステルダム市
Fashion for Good

# 08

# Fashion for Good

## ファッション産業のサステナビリティ向上を図るプラットフォーム

Fashion for Good Experience（出典：Fashion for GoodのHP）

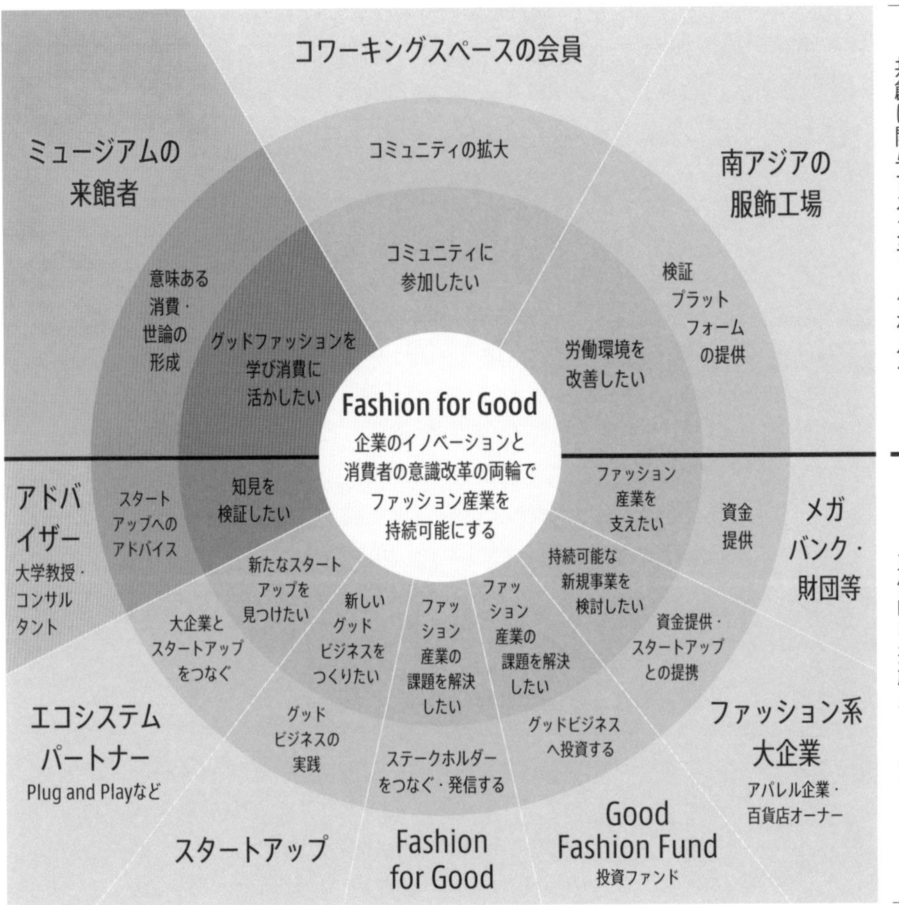


**POINT**

- ▶ 消費者の意識改革を促すミュージアム、ファッション業界のサステナビリティに貢献するスタートアップが働くコワーキングスペース、実験や連携先としての服飾工場や百貨店・アパレル企業など、ファッション産業の生産から消費までさまざまな場とステークホルダーが関わるハブになっている。
- ▶ 運営会社が非営利法人ではなく民間企業。ファンドも創設し、単なるマッチングだけでなく、出資まで支援が可能。

# 産業のイノベーションと消費者のアクションを同時に促す

Fashion for Goodは、「持続可能なファッション」を理念に掲げ、アムステルダムで2017年に設立された株式会社で、その多岐にわたる活動を束ねるプラットフォームの名称でもある。同じ理念を持ったスタートアップ・ブランド・消費者・投資家をつなぎ、企業によるイノベーションと消費者の意識改革によってファッション産業のサステナビリティ向上に取り組んでいる。

同社は持続可能なファッション産業を実現する「良いファッション」の条件として、「Good Materials」「Good Economy」「Good Energy」「Good Water」「Good Lives」という5つの「グッド」を提示している。

ファッション産業は、人間の活動によって排出される二酸化炭素量の10%を排出し、全産業の中で水を2番目に多く消費して、マイクロプラスチックや染料による海洋汚染を引き起こすなど、深刻な地球環境汚染産業として知られる。

また、世界で何百万人もの雇用を生み出しているが、賃金の低さや劣悪な労働環境などが問題視されている。そのため、現状の産業構造の抜本的な改革が求められている。

そうした背景のなか、Fashion for Goodは、投資ファンド「Good Fashion Fund」を2018年に創設し、ファッション産業におけるイノベーション創出を志すスタートアップに向けてアクセラレーター・プログラムとスケーリング・プログラムを提供している。スタートアップに対してメンターや専門家によるアドバイス、資金、オフィス、実証実験のフィールド、大企業とのマッチング等を提供する。実際に南アジアの工場で生産や労働の実証実験を実施している。

アクセラレーター・プログラムでは、毎年有望なスタートアップ10〜15社を選出して投資する。重点的に投資する分野は、「原材料」「処理方法」「製造方法」「透明性」「トレーサビリティ」「廃棄方法」「労働者のエンパワーメント」「パッケージング」等である。アクセラレーター・プログラムを経てブラッシュアップされた事業や技術は、スケーリング・プログラムにて大企業と共に市場でテストされ、拡大を目指す。

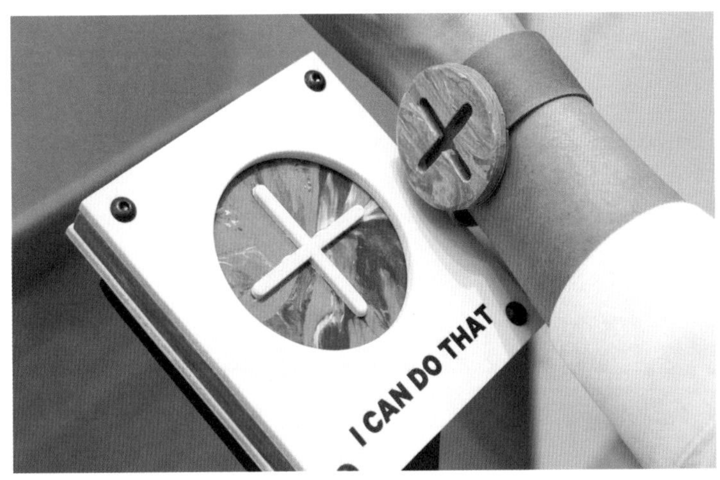


ミュージアム入館時に受け取るブレスレットで「自分もできそう！」と思うアクションにタッチすると、退館時にタッチしたアクションリストをメールで送ってくれる（出典：Fashion for GoodのHP）

2017年にアクセラレーター・プログラムに選ばれたColorifixは、ファッションブランド「ステラ・マッカートニー」とコラボレーションし、ステラ・マッカートニーがデザイン、Colorifixが染色を担いドレスを制作した。Colorifixは、染色の過程で使用する水、エネルギー、廃棄物を大幅に削減する自然由来の染色方法を開発した。また有害な化学物質の使用を回避する点も高く評価されている。

さらにFashion for Goodは、消費者の意識改革を目的とした体験型ミュージアムとイノベーション創出を目的としたコワーキングスペースの複合施設「Fashion for Good Experience」を立ち上げた。

体験型ミュージアムは、地下「歴史」、1階「現在」、2階「未来」というテーマで構成され、ファッション業界が抱える社会課題と現状を変えるための「アクションプラン」がセットで展示されており、来館者にただ学ぶだけではなく、自分ごととして捉え、訪れた次の日から実践に移せるようなインタラクティブな体験を提供している。

2018年-
デンマーク・コペンハーゲン市
コペンハーゲン市・
Realdania

# 09

# BLOXHUB

## 産官学民で都市化の課題を解決するイノベーションハブ

BLOXHUBのエントランス（筆者撮影）

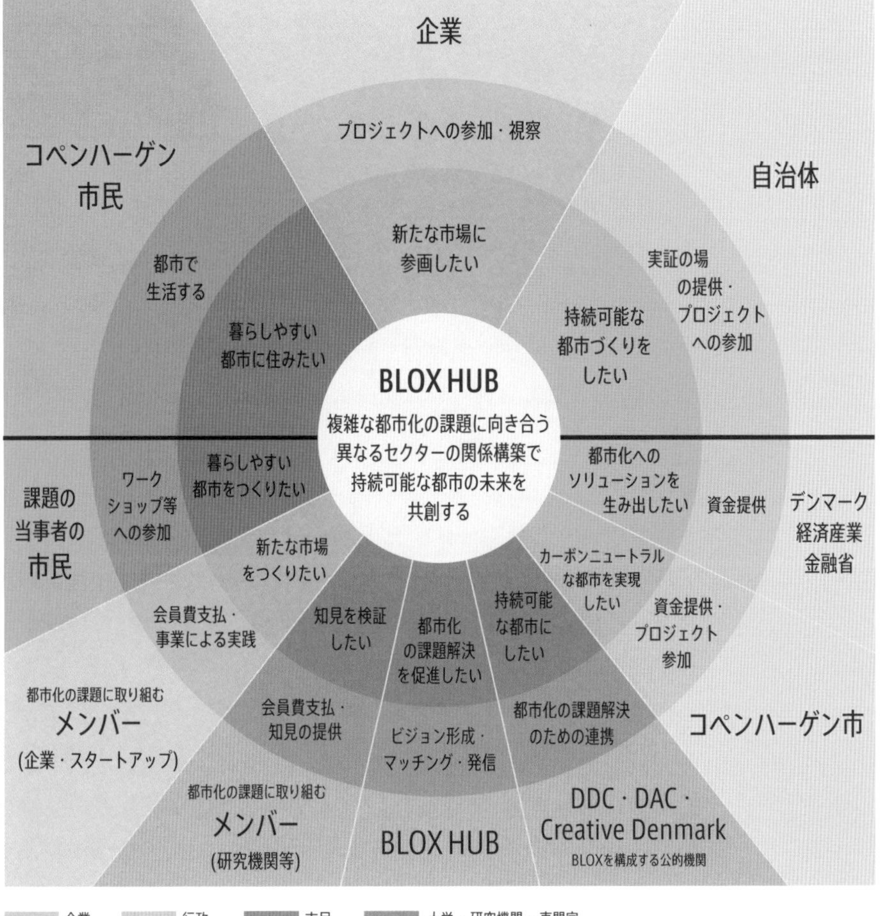


**POINT**

- 都市化と気候変動の課題解決を目指すため、研究者からスタートアップ、大企業、行政などセクターを横断するメンバーがエコシステムに参加し、共創プロジェクトを生み出している。
- 国と市が支援しており、国や市の課題や戦略に紐づいている。
- 同じ建物に入居する、半官半民のデザインや建築、都市に関わる3つの組織とも連携している。

# 都市の未来をつくるステークホルダーをつなぐ

毎週世界中で300万人が都市部へ移り住んでおり、世界中で都市化の流れは避けられない。コペンハーゲンも都市化が進み、人口が増加したことにより、都市部の住み心地、エネルギーや交通などのインフラやサービスに影響を及ぼし始めている。同様に、深刻になりつつある気候変動にも対応していかなければならない。そんな都市化と気候変動の課題に直面する同市は、他国に先行して「世界初のカーボンニュートラルシティ」を掲げ、国をあげてサステナブルな都市を目指している。

BLOXHUBの設立は2016年。約17万人の会員を擁する社会活動団体Realdaniaと、デンマーク経済産業金融省、コペンハーゲン市の三者によって設立された非営利法人である。

BLOXHUBでは、エンジニアリング・建築・人類学・社会学・デジタライゼーション・インフラなどさまざまな分野のチームが参加して、都市化と気候変動の課題に対応しながら「Livability（都市の住みやすさ）」を高める活動を展開している。今では350を超える国内外の企業・行政・研究機関・スタートアップ・個人がこのエコシステムに参加している。

住みやすい都市をデザインするには、これまで関わりを持たなかった人や組織が新しい関係を築き、共創していく必要がある。そうした共創関係を生みだすために、ワークショップやマッチング、研究と実践をつなぐフォーラムやハッカソンなどさまざまな仕掛けを駆使して多様な分野のコミュニティメンバーをつないで学際的な議論の場をつくり、実践を促している。

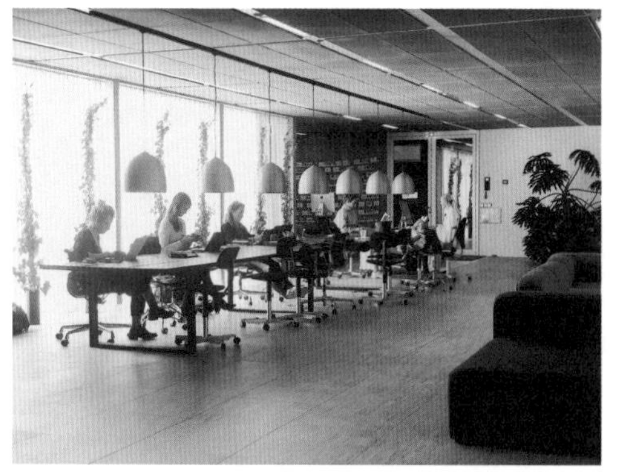
BLOXHUBの入居するBLOXの内観（筆者撮影）

ここではBLOXHUBで展開された2つの取り組みを紹介する。

「Circle House Lab」はデンマークの建設業界におけるサーキュラーエコノミーへの移行を加速することを目的とし

ているアライアンスで、100社以上の企業が参加している。デンマークの廃棄物の約38%は建設業から排出され、その27%は改修と解体によるものである。

BLOXの外観（撮影：kenji masamitsu）

サーキュラーエコノミーへの移行には、製品を再利用できるように製造することや、公共調達における明確な要件定義、建物の所有者・設計者・施工者・解体者の協力体制と新たな市場の創造などが必要である。その名の通りラボなので、業界全体で協力して実験的なソリューションに取り組んでおり、ラボでの取り組みをグリーンペーパーとしてまとめ、業界組織に配布したり、サミットを開催して議論の場を設けたりしている。

「BICYCLE PARKING IN COPENHAGEN」は、BLOXHUBとArupが課題のオーナーとなり行った学際的なワークショップだ。

自転車通勤が6割を超えるコペンハーゲンでは駐輪場の不足が課題になっていた。道路を管理している行政・建築設計事務所・自転車の利用者、それぞれ単独では解決できないこの課題について、ワークショップでは産官学民のパートナーシップで解決策を導くことができるか議論した。議論には、ビジネスマン・サイクリストコミュニティ・コペンハーゲン市の担当者だけでなく、デザイン・建築・フューチャーリサーチ・インテリジェントモビリティ・社会学といったさまざまな専門家が参加し、駐輪場の位置を店の前から後ろに入れ替えるなど3つのアイデアを取りまとめた。

デザイン性の高い駐輪場は、都市空間の整備、歩行者の利便性、集団移動の利用拡大、地元商店の支援などに貢献できる。また、これらのアイデアは共有され、他の地域で同様の課題に取り組む際のヒントとして活用することができる。

2020-
東京都世田谷区下北沢
小田急電鉄株式会社

# 10

# BONUS TRACK

## 小田急線地下化で生まれた空地を活用した新しい商店街

人で賑わうボーナストラック（筆者撮影）

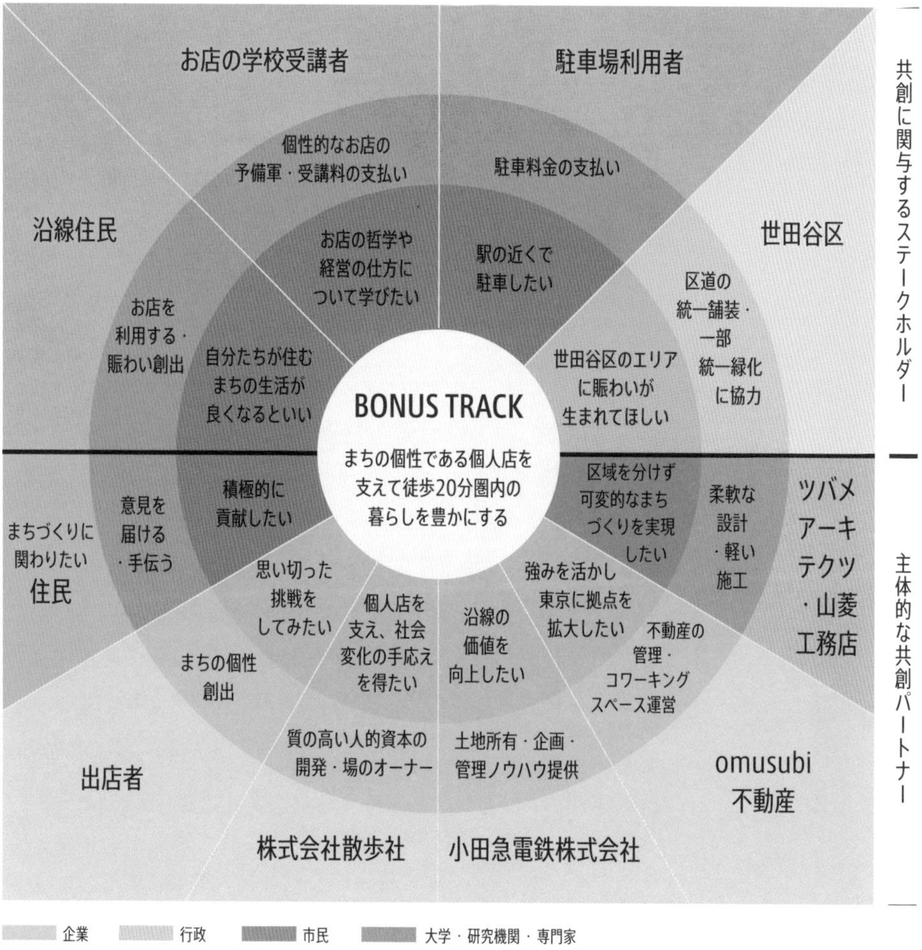

**POINT**

- 小田急電鉄1社でやるのではなく、出店者や沿線住民も企画段階から一緒に場をつくっていったので主体的な共創パートナーに位置づけられる。
- 小田急電鉄は場を運営する散歩社や出店者たちが挑戦ができる余白を確保するために、最低限の収益をつくる"駐車場"を設けている。
- オンラインのお店の学校などを通じて、リアルの空間に頼らない収益源を確保しつつ、次の個性的なお店の店主を育てている。

# 下北沢らしい こだわりのある個人店を育てる支援型開発

BONUS TRACK（ボーナストラック）は、「徒歩20分圏内に新たな発見がある毎日をつくりたい」という想いが込められた、東京・下北沢周辺エリアにおける再開発のプロジェクトだ。

小田急線の東北沢・下北沢・世田谷代田の3駅が地下化されることに伴い、地上にできた空地を再開発することになった。小田急電鉄は、最初はその空地を駐車場にしようと考えていたが、まちのために何ができるかを検討を重ね、複数のエリアで構成される「下北線路街」という再開発プロジェクトを立ち上げた。ボーナストラックはその下北線路街の中の1エリアである。

従来、まちづくりはトップダウン的に開発する企業や行政が主導して進められてきた。しかし、住民やそこで働く人の想いが汲み取られないままに開発が進むと、その場所の歴史や文化的価値が損なわれて、地域との摩擦が起きることもある。

また、下北沢というまちは以前から古着屋や雑貨屋などの個性的でこだわりの強い店が多く、その多様性が地域住民から愛されていた。しかし近年は地価が上がり、駅前にはチェーン店が増え、徐々にまちの個性が失われつつあることに懸念の声もあった。

そうした背景もあり、ボーナストラックでは、トップダウン的な開発ではなく、地域のプレイヤーを支援する「支援型開発」が行われたことが特徴だ。

実際に、まだ更地の段階から運営に関わるテナントと一緒に敷地を歩き、「賃料がいくらだったら出店できる」「敷地の広さはこれくらいは欲しい」といった具体的な要望を聞き、それを反映した形で開発計画を進めた。

また、地域住民に対しても度々説明会を開いて、丁寧に対話を重ね、当初開発に反対していた住民が徐々に当事者としてポジティブな意見を出してくれるようになった。下北沢に愛着を持つ住民も多く、敷地の緑化など、ボーナストラックの場の運営に積極的に貢献してくれる住民グループも現れた。

ボーナストラックは、個性的な個人店が出店している面白さも特徴だ。そんな個性的な店の集積をプロデュースしたのは散歩社。このプロジェクトをきっかけにつくられた会社で、かつてNPO法人グリーンズの経営に携わっていた小野裕之氏と、地元の書店B&Bの共同経営者である内沼晋太郎氏の2人が立ち上げた。

ボーナストラックの名前の由来は、沿線の地下化に伴って地上にボーナス（Bonus）的にできた余白（Track）だという。音楽アルバムの「ボーナストラック」はアーティストがやりたいことを表現する追加曲を指すことから、この「ボーナストラック」も余白のような場所として、関わる人がやりたいことに思う存分チャレンジできる“まち”を目指している。

左が小田急電鉄の敷地、右が世田谷区の区道だが、一体的に開発されている（筆者撮影）

ボーナストラックの敷地は世田谷区の区道に隣接し、舗装の統一などを店舗間で協力し、一体的な空間になっている。

一体感があるのは空間だけではない。実際に訪れると、出店者の挑戦が伝わるここにしかない店舗ばかりで、机や椅子は店舗間で共有されており、どの店の商品で出たごみでも他の店で預かってくれる。挑戦する出店者とそれを支援するデベロッパー、そして住民をはじめとするさまざまなステークホルダーの共創によって、とても人間味のある温かい空気感に包まれた場所になっている。

2012年-
オランダ・アムステルダム市
アムステルダム市

# 11

# De Ceuvel

## 循環型の都市を目指す実験のショーケース

上空から見たDe Ceuvel（出典：De CeuvelのHP）

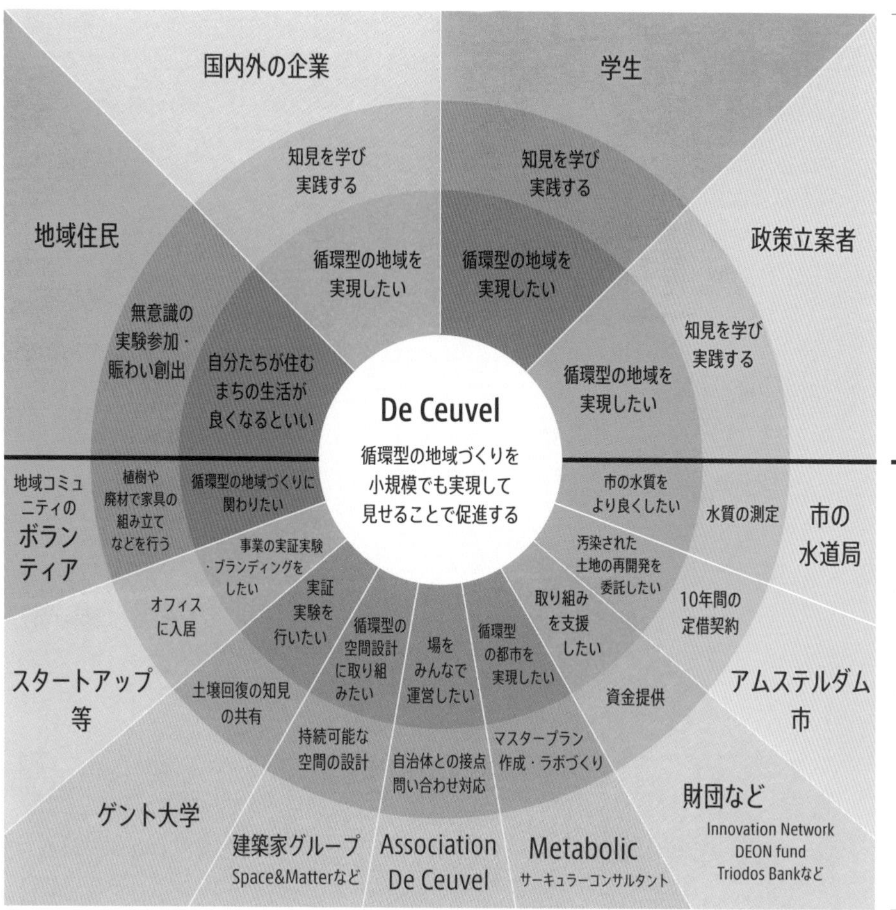


**POINT**

- ▶ アムステルダム市の再開発のコンペに建築家グループとサーキュラーコンサルタント、大学などが一緒に応募したことで、循環型の地域づくりをエリア内で実現させるコンセプトのある場をつくった。
- ▶ 場のコンセプトに共感する入居者のスタートアップや地域コミュニティが一緒になってこの場をつくっている。
- ▶ この場所全体が実験場になっており、そこを訪れる地域住民が無意識に実験に参加することになる。
- ▶ 国内外の企業・学生・政策立案者等さまざまな立場から注目されている。

# 汚染された土地を回復する実験が人を呼び込むコンテンツに

De Ceuvelはアムステルダムの元造船所のあったエリアをリノベーションした、循環型の生活を実現するためのオープンな社会実験場（リビングラボ）。そのコンセプトに賛同するスタートアップやデザイナーが入居するハウスボートをリノベーションしたオフィスや、ワークショップを行う多機能スタジオ、ベジタリアンカフェ、ホテルなどが集まる場だ。

運河に囲まれた低地のオランダにとって水環境はとても重要であり、気候変動に対する意識、循環型のライフスタイルへの移行に関する市民の意識は日本よりも高い。

もともとこのエリアは、造船所として使われていた時代に船から排出された油などで土壌が汚染されていた。そんな土地を再開発するにあたってアムステルダム市は民間からアイデアを募集した。

持続可能な社会を目指すサーキュラーコンサルタントMetabolicと建築家チームSpace & Matterらは「中古のハウスボートをシェアオフィスやカフェに活用し、サーキュラーエコノミーの実験区にする」

De Ceuvelの水辺でくつろぐ人々（筆者撮影）

という案を出し採用された。

市は土壌汚染の改善を条件に、10年間土地を貸し出している。そのため、De Ceuvelでは植物が水分や養分を吸収する能力を利用して土壌汚染を除去して環境を修復する技術「ファイトレメディエーション」を用いて各所に植物が植えられている。

また、MetabolicはDe Ceuvelにおいてさまざまな循環のしくみをつくっている。敷地には下水道がないため、設置されているハウスボートに濾過装置がついており、排水は濾過して流されたり、コンポストを使って有機廃棄物が肥料化されて、その肥料を使って菜園で野菜を育て、その野菜を施設内のカフェで提供している。

さらに、ハウスボートは断熱など省エネの仕様に改良が施され、ソーラーパネルを設置して施設内のオフィスの電力を賄っている。

施設内のオフィスにはさまざまなスタートアップが入居しているが、藻から肉をつくる製法を開発する企業がその肉でハンバーガーをつくりカフェで提供していたり、クリーンエネルギーを開発する企業が電力の循環の実験をしたり、ブロックチェーンを使ったエネルギー循環の実験なども行われており、ここで検証したものを市内に広げていく構想もある。

De Ceuvelがある市の北部はかつての工業地帯の倉庫跡地などを活用し、アーティストやクリエイターが集まるエリアになっており、周辺にいるクリエイターたちのコミュニティとこの場所の相性も良い。そうしたクリエイターやボランティアたちを巻き込みながら、廃材を使って屋外空間をつくるなどの活動も行われている。

こうしてDe Ceuvelは、若者が集まる多様な居場所がある文化的で豊かな水辺のパブリックスペースになった。現在も、多様な企業やクリエイターが循環型のエコシステムを実験的につくりながら、日々活動がアップデートされている。約5000㎡という限られたエリアながら、サーキュラーな都市を実現しようとする共創の取り組みが注目され、国外からも視察団が訪れるほどの場所になっている。

2018年-
日本
株式会社PoliPoli

# 12

# PoliPoli

## 政治家に声を届ける政策共創プラットフォーム

政治家に声を届けるプラットホーム「PoliPoli」のウェブサイト（出典：PoliPoli）

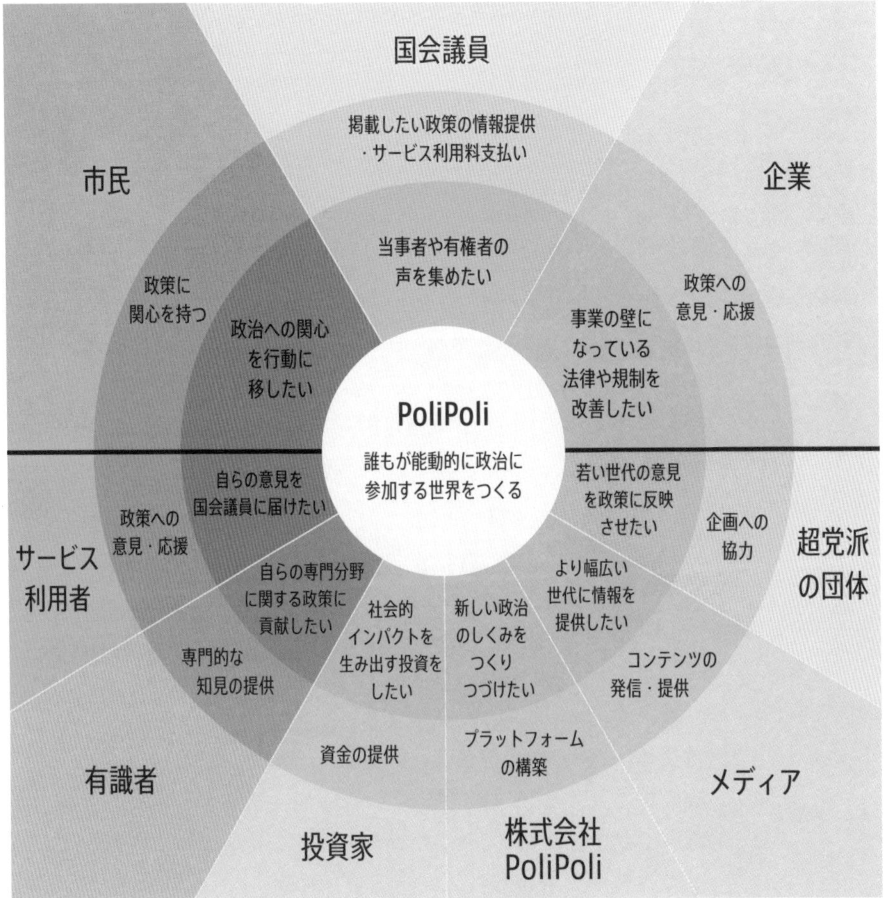


**POINT**

- ▶ 有識者制度により、さまざまな分野の専門家や個人がプラットフォームを活性化している。
- ▶ サービス利用者は政策を掲載した国会議員へ意見を届けるため、主体的な共創パートナーとしている。
- ▶ このプラットフォームを通じて市民が政策に関心を持つことで、サービス利用者になり、自ら政策にコメントをして国会議員に声を届けるようになる。

## 政治家と市民を直接つないで社会全体の意思決定をサポートする

「PoliPoli」は、「新しい政治・行政の仕組みをつくりつづけることで、世界中の人々の幸せな暮らしに貢献する。」をミッションに掲げ、政治家と有権者をつなぐ政策共創プラットフォーム。PoilPoliのサイト上で、国会議員が国の課題とそれをどういう政策で解決するかを提示して、それに共感した市民が政策の推進に協力できる。

これまでの社会では、国が課題を解決するための政策を発表し、それがマスコミによって発信され、市民は主に選挙で投票することで、その政策の是非を政治家に届けていた。

しかし、近年、インターネットの登場によって、これまで埋もれていた多種多様な課題が可視化されるようになった一方で、政治家はその解決に手が回らず、市民も自分たちの意見が届かず無力感を感じるという状況が起きている。そうした双方の状況を解決しようとしているのが、PoliPoliだ。

PoliPoliでは、政治家が政策を提案し、それを市民が応援できる。政策の提案は、インフォグラフィクスを使って解説されており、「なぜその政策が必要なのか」「目標は何か」が、市民でも理解しやすく工夫されている。

市民がPoliPoliに提案された政策に共感したら、コメント欄でその政策を推進する政治家を応援したり、意見を提示したりできる。また、直接議員に会って話したい場合もアプローチができる。もし既存の政策では解決されない問題があれば、市民が政策をリクエストすることも可能だ。

政策を推進する過程で議員から活動報告も行われるため、市民は自分たちの意見が届いている実感を得ることができる。

また、特定の政策分野に知見のある人が有識者として活動することもできる。やり方としては、まずPoliPoliに登録し、有識者登録申請をすることで、有識者としての条件を満たせば承認される。有識者として登録されると、自由にアイコンやプロフィールを設定でき、政策にコメントした際に政治家の目に留まりやすくなる上に、有識者座談会に参加できるなどの機会が得られる。

新たに始まった、行政に声を届けるプラットフォーム「PoliPoli Gov」のウェブサイト（出典：PoliPoli）



PoliPoliが生まれたきっかけは、株式会社PoliPoli代表の伊藤和真氏が19歳のときに行われた衆議院選挙で、インターネットが当たり前の時代に、アナログなしくみで選挙が行われていることに違和感を感じて、アプリを開発したことが始まりだ。

政治家向けのサービスである「PoliPoli」とは別に、行政向けのサービス「PoliPoli Gov」も公開され、デジタル庁や経済産業省などが参画し、国民が行政の政策づくりのプロセスに参加することもできる。

テクノロジーの力で新しい政治・行政のしくみをつくっていくチャレンジに今後も注目していきたい。

1999年-
アメリカ・ニューヨーク市
Friends of the High Line

# 13

# High Line

## 2人の青年が仕掛けたムーブメントが多くの共感を呼んで実現した空中公園

上空から見たハイライン（出典：Friends of the High LineのHP、Photo by Rick Darke）

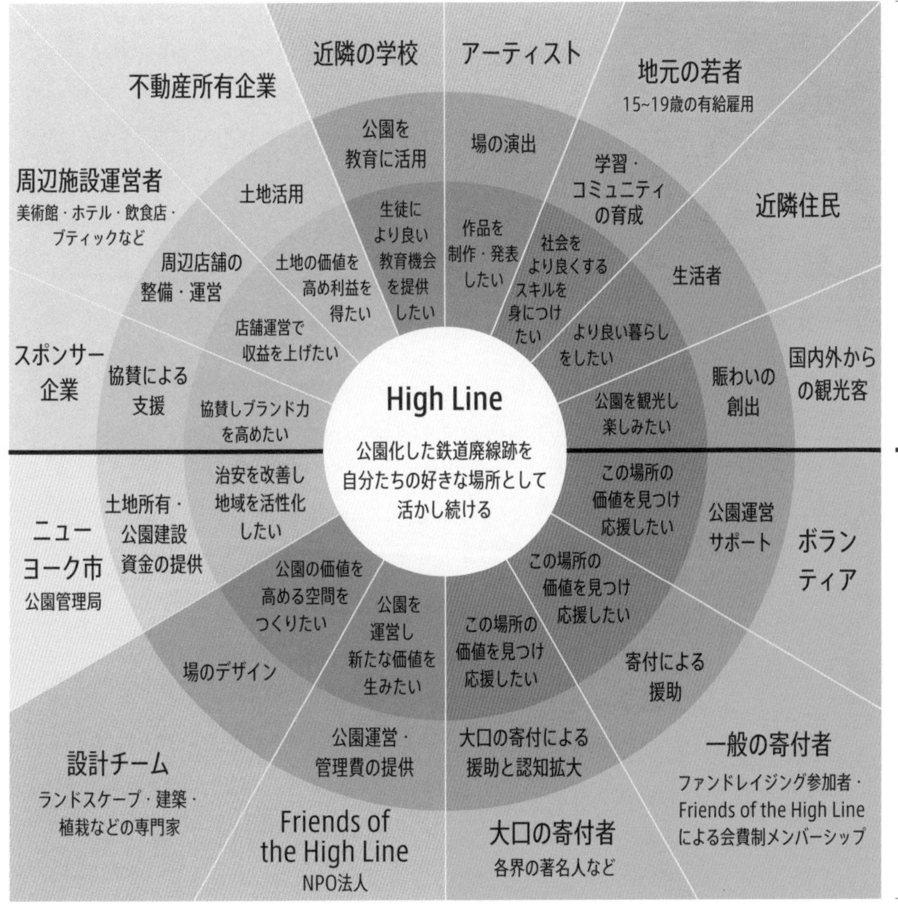


**POINT**

- 共通目的に賛同した著名人の大口の寄付によるサポートが推進力となった。
- ニューヨーク市が賛同した（主体的な共創パートナーの側に変化した）ことで、公園化が実現した。
- 寄付・ボランティア・作品発表・学びの場など市民の関わり方が多様である。
- 世界的な観光地になっても、地域との関係性が断絶しないように、近隣住民や近隣の学校との関係性も重視している。

# 鉄道廃線跡を地域に愛される観光名所に育てた、生きたコミュニティ

High Line（ハイライン）は、2009年から公開された、貨物列車の廃線跡を活用した空中緑道および公園。美しい自然、個性的なアートなどを楽しめる、全長2.3kmの散策路となっており、高架部分を利用した地上9 m（ビル3 階建てに相当）の高さから、マンハッタンやハドソンリバーの景色を望むことができる。年間450万人以上が訪れる、ニューヨーク市を代表する観光名所だ。

もともとこの場所には、1934年から貨物鉄道が運行していたが、1980年に廃止された後は長らく放置され、エリアの治安が悪化したため、1990年代には廃線跡の撤去を市長が決定していた。

1999年、廃線跡の保存のための集会で出会った近隣住民2人が、ハイラインの保存活用を推進するNPO「Friends of the High Line」を設立する。廃線跡を公園化したパリのプロムナード・プランテの成功事例（1993年に公開）もあり、単に廃線跡を保存するだけでなく「新たな公共空間の創出」が活動目的となっていった。

活動の基本は地道な寄付金集めだったが、ハイラインがどんな場所か、保存価値を知ってもらうために一流の写真家が撮影したハイラインの写真集を発表し、著名人（俳優やデザイナーなど）による莫大な寄付が初期の認知度向上と賛同者の獲得に大きく貢献した。その背景として、ハイライン付近は廃工場だけでなくアートギャラリーも集まっており、ギャラリーやアーティストと親交のあったセレブリティが、ハイラインに注目して寄付者になった。

ハイラインを保存する上では土地所有者の反対が大きな障害だった。この地域では住宅の需要が高く、廃線跡を取り壊して住宅を建設すれば、大きな収益を得ることができるからだ。この課題に対しては、ハイライン上空の使用できない開発権を他の地域に移転できる「Air Rights」という政策を採用することで解決した。

Friends of the High Lineは、市に対して撤去計画の撤回を求める訴訟を起こすなど、さまざまな活動を続けるなかで、新しい市長の当選が大きな契機となった。新しい市長はFriends of the High Lineの提案に賛同して連携し、約50 億円の公園化の予算を確保し、公園建設に乗り出す。

公園は市が建設したが、運営はFriends of the High Lineが行っており、年間400以上のイベントを開催し、テナントの出店料やイベント参加費などで、年間予算のほぼ100%を賄う。市の計画や予算に頼らず運営を続けられるのは大きな強みである。

ハイラインのベンチでくつろぐ人々
（出典：Friends of the High LineのHP、Photo by Rowa Lee）

運営管理にはFriends of the High Lineのコミュニティ・ボランティアが関わっており、ドロップイン形式から気軽に運営に参加できる。さらに自分が買ったメンバーシップの権利を他の人へプレゼントすることもできる。驚きなのは、「関わる市民の多様さ」だ。寄付・ボランティア・学校教育のほかにも、地元の若者・住民・来訪者が参加できるプログラムが充実しており、場を通じたさまざまな形の「コミュニティ」を継続してつくりだしている。

こうした活動の結果、ハイラインはメトロポリタン美術館に次いで市内2位の観光客数を誇る観光名所となり、ホイットニー美術館をはじめとした近隣の不動産開発に拍車をかけ、エリアの価値向上に貢献した。

建設時には多額の税金が投入された施設にもかかわらず、大勢の観光客で常に混雑しており、地元住民が楽しめないという批判も出ているが、Friends of the High Lineとしては住民にとって魅力的なプログラムを継続的に提供することで、住民の理解を得たい考えだ。

ハイラインはたった2人の青年の夢から始まり、あらゆる困難を乗り越えて、不可能を可能に変えた。ハイラインは単なる公園ではなく"生きたコミュニティ"であり、世界中の人々の共感・協力の物語をつなぐ場所になっている。

2010（創設は1889）年-
イギリス・ネイルズワース町
Forest Green Rovers

# 14

# Forest Green Rovers

## 世界で最も環境に配慮したサッカークラブ

FGRの選手とユニフォームを着た子どもたち（出典：Forest Green RoversのHP）

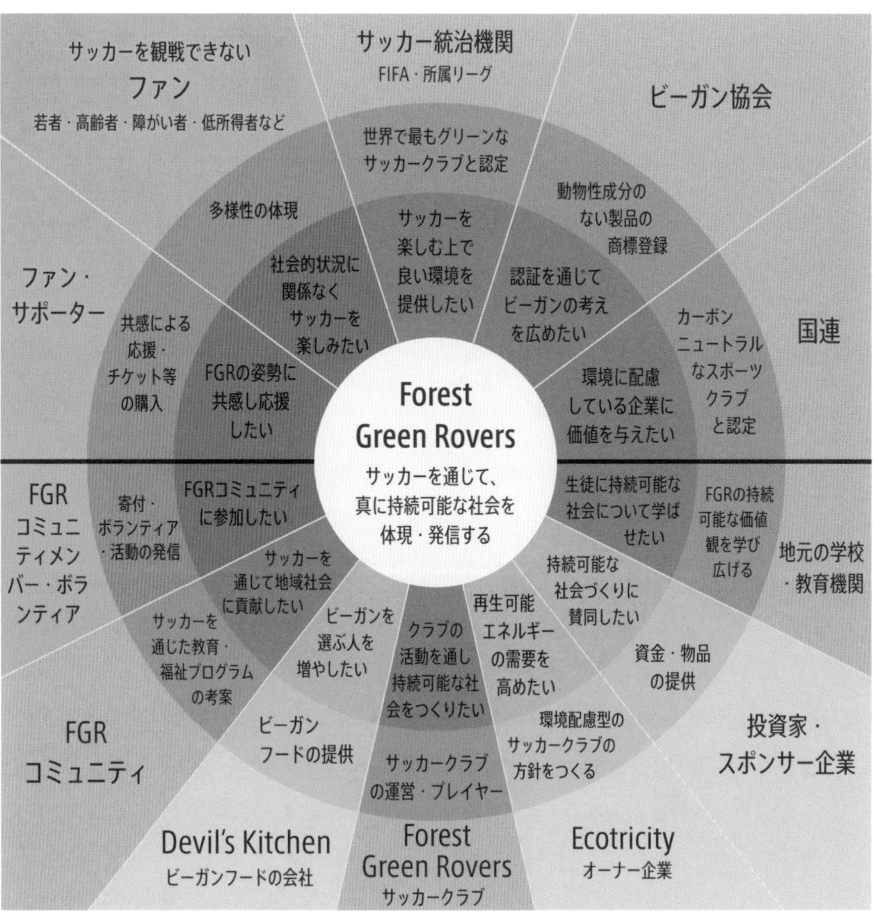


共創に関与するステークホルダー

主体的な共創パートナー

企業　行政　市民　大学・研究機関・専門家

**POINT**

- 再生可能エネルギーの企業がオーナーとなり、サッカーを媒介に企業の枠を超えて、持続可能な社会を目指す共同体をつくっている。
- 地元の学校と連携し、選手たちが生徒たちへの環境教育を行うことで共通目的を共有している。
- スポーツ以外のさまざまな団体からの承認を得ており、共通目的に賛同する投資家やスポンサー企業からの投資を集めている。
- 人種差別や社会的弱者に対してのインクルーシブな活動を行っている。

# 経済性より環境を優先する「思想」をファンが応援する

Forest Green Rovers（通称FGR）は、世界で最も環境に配慮したサッカークラブだと言われる。スポンサー企業・サポーター・地域の学校など、さまざまなステークホルダーと共に、スポーツを起点とした持続可能な社会を実現する取り組みを行う。

イギリス南西部の町ネイルズワースを本拠地とするFGRは、1889年に設立されてからさまざまなリーグで活動してきたが、2010年に環境に配慮したエネルギー供給企業のEcotricityがメインスポンサーとなり、同社の会長がクラブのオーナーとして運営に関わるようになったのをきっかけに、持続可能な社会を実現するためのソリューションを提供する活動を続けている。

イギリスには20を超えるサッカーリーグがあり、FGRは4部リーグに所属している。5部リーグまでが全国リーグ、完全なプロリーグは4部リーグまでのため、FGRは全国区のプロチームである。

FGRはクラブ活動のあらゆる選択において経済性よりも環境を優先し、持続可能性・倫理的問題・社会的問題・生物多様性を考慮することを表明し実行している。

たとえば、FGRではスポンサーと協力し、クラブで使用するものはすべて環境に配慮したものにしている。選手の食事や来場者に提供するフードメニューをビーガン対応のものにし、スタジアムで使用する電力やガスは100%再生可能エネルギーで賄い、ピッチの清掃等にも雨水を利用するなど、サッカークラブとして革新的な取り組みを実施している。

スタジアムで提供するビーガンフードはイギリスの伝統的なパイを使ってつくられ、来場者が「ビーガンフードってこんなにおいしいのか！」と感動するほどの品質で、メニューをビーガン対応に移行してから、売り上げも大幅に伸びている。

また、FGRは地域の学校・企業・スポーツクラブと協力してコミュニティを運営していることも特徴的である。たとえば、地域の学校と提携して、子どもたちが教育プログラムに参加し、サッカーだけでなく、持続可能な社会についても学ぶことができる。イギリス発祥で文化として根ざす「サッカー」を媒体として、あらゆる年齢のメン

Forest Green Roversのグリーンなスタジアム（出典：Forest Green RoversのYouTube）

バーが社会的課題解決に取り組むための教育・動機付け・アイデアを得られる。

FGRは、2017年に「世界で最も環境に優しいサッカークラブ」と国際サッカー連盟（FIFA）から評され、2018年には世界初の「カーボンニュートラルなスポーツクラブ」であると国連から認定された。

スポンサーだけではなく、地域との結びつきが強いサッカークラブのパワーを最大限に利用し、コミュニティ参加者と持続可能な社会をつくっている。競技人口の多いサッカーで、130年の歴史を誇る全国区のプロチームが、環境配慮を全面的に掲げていることそのものがユニークであり、そんなスポーツチームの新しいあり方の1つをFGRは体現している。

1994年-
オランダ・アムステルダム市
Waag

# 15

# Waag

## デジタルテクノロジーの民主化を目指す<br>市民主導のソーシャルイノベーションラボ

Waagの入居する建物（筆者撮影）

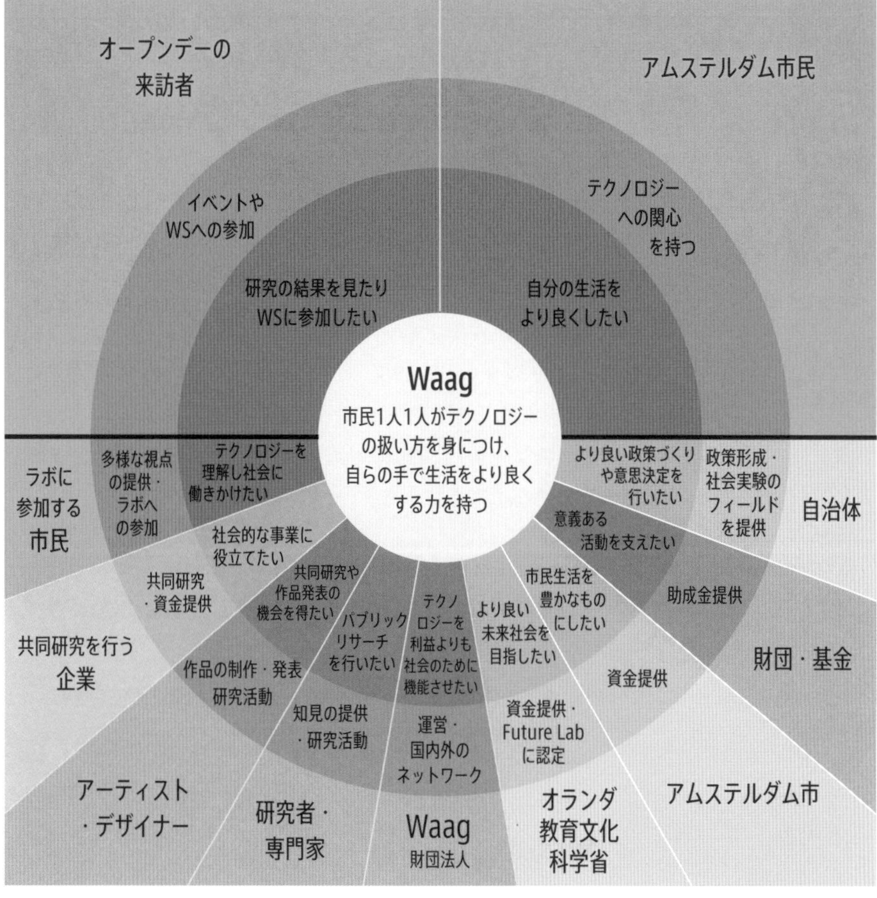


**POINT**

- 活動の対象は市民が中心で、複数あるラボの研究活動にも関心がある市民が参加できるしくみになっている。
- 活動資金はオランダ教育文化科学省、アムステルダム市から支援を受けており、公式にFuture Labに認定されている。
- ラボ活動の中心となる課題や問いの提供は、主にアーティストやデザイナー、研究者が担っている。

## 市民1人1人が自ら生活を良くする手段を手に入れる

Waagは「テクノロジーの民主化」によって、市民主導のソーシャルイノベーションを目指すアムステルダムの財団で、テクノロジーと社会をオープンで、公正で、包摂的なものにすることをミッションに、市民の研究基盤・起業支援・教育機関の役割を担っている。

インターネットやテクノロジーが広がり始めた90年代、「それらは必ずしも中立ではなく、いずれ権力や不公平を生み出す」という危機感を持っていた当時のIT研究者らによって、1994年にアムステルダムに設立された、市民がインターネットに触れられる場がWaagの始まりだ。

テクノロジーは生活を便利にする一方で、高度化し、自分たちの手に負えない存在になっていないか？Waagのメンバーはそんな疑問を持ち、テクノロジーを批判的に考察し、社会を市民の視点でデザインしていく方法を開発している。

Waagの活動の中心は、4つのグループ（code、make、learn、life）から構成される10前後のラボである。介護や教育からバイオや環境まで幅広い分野の研究を展開しており、それぞれ研究者、デザイナー、ソフトウェア開発者らの学際的なチームが社会をより前に進めるための研究と実践を行っている。

Fairphone（出典：WaagのHP）

市民1人1人がテクノロジーの扱い方を理解することで、たとえばデータを入手して行政に交渉したり、企業が販売するものを消費するだけでなく、より良いものを自分でつくる手段を持つことができる。

Waagの具体的な活動の成果として、後述する「Dutch Skies」や「Fairphone」などがある。Fairphoneは、世界初のエシカルなモジュール式スマートフォンとして有名だ。元はラボの研究から始まったスタートアップで、次々に新しい機種が出るスマートフォンに対する違和

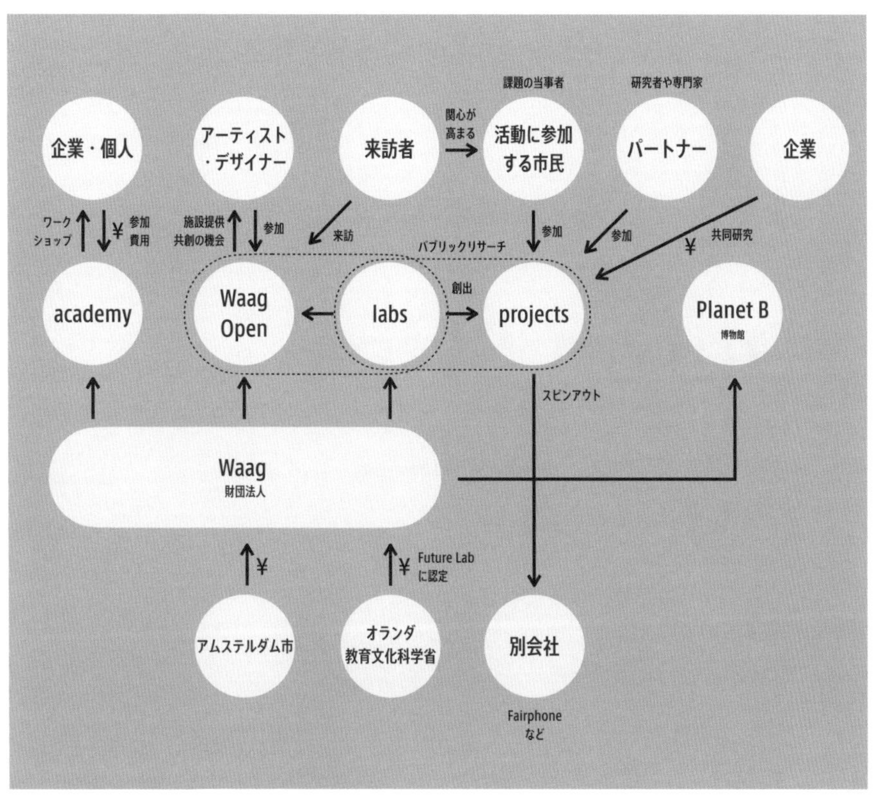


Waagの活動の全体像

感を掘り下げ、パーツごとにアップデートし、利用者が自分で組み替えられる仕様にして、最初に購入した機種を長く使えるスマートフォンを開発した。また、スマートフォンの材料であるレアメタルが紛争の資金源になっていることや、資源・労働環境の問題にも課題意識を持ち、フェアトレード認証を取得した原料を使用している。

2021年1月、Waagはオランダの教育文化科学大臣から「Future Lab」の役割を任命された。Future Labとは、未来志向のデザイン開発と、デザインとテクノロジーを活用して社会的課題を解決するための場だという。社会と市民の視点でパブリックリサーチを積み重ね、探求・実験・実装を繰り返してきた25年の活動が評価され、今や国から公式に認められる重要な存在になった。

2016年-

オランダ・北ホラント州の
大気汚染が深刻なエリア

Waag

# 16

# Dutch Skies

## 市民が生活環境（大気汚染）の状態を可視化するシティズン・センシング

大気の質を測るセンサーを家に取り付けている市民（出典：Fab Lab BarcelonaのYouTube）

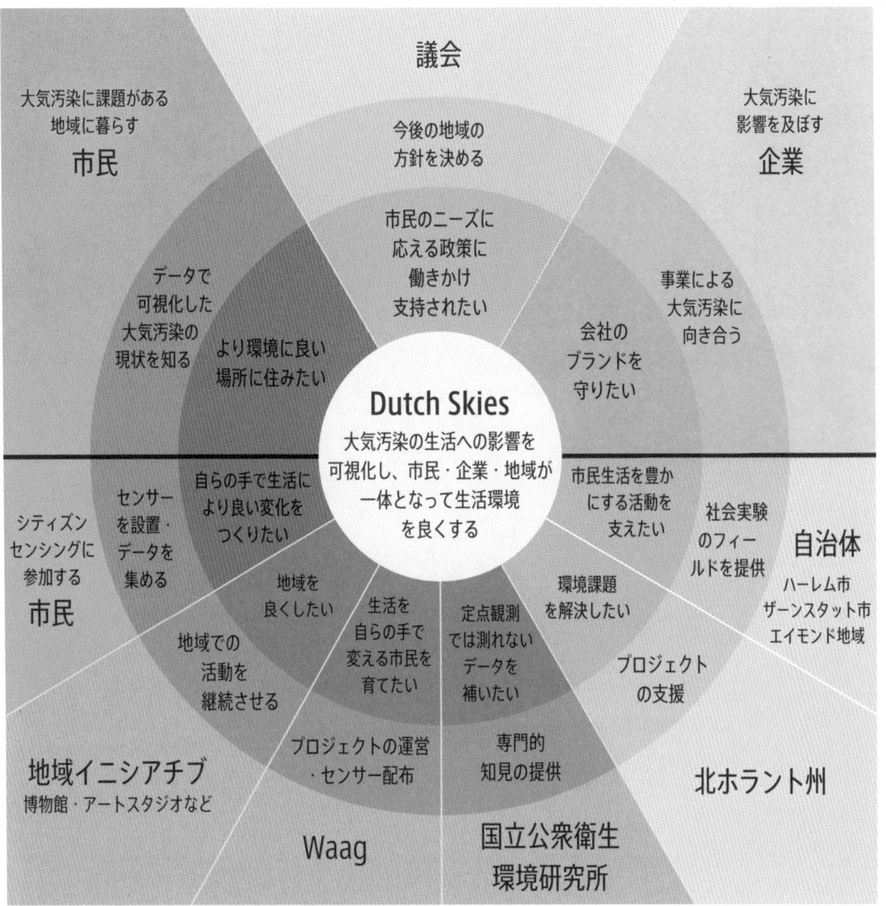


POINT

- 市民・議会・大気汚染に影響を及ぼす企業に働きかけている。
- 市民が自ら空気の質のセンシングに参加しデータを集める。
- Waagのスマートシティズンラボで生まれたアイデアに賛同する研究機関と自治体が手を挙げてプロジェクト化した。
- 地域イニシアチブを巻き込むことで、Waagが離脱しても自律的に活動が続けられるように工夫されている。

# 自分のまちの問題は自分たちの力で変えるシビックサイエンス

「Dutch Skies（Hollandse Luchten）」は、市民が簡易センサーを自宅などに設置し、自らの生活環境（大気汚染）の状態を可視化するシビックサイエンスの取り組みである。

先述したWaagのラボの1つである「スマートシティズンラボ」のプロジェクトである。Waagは市民でもつくれる測定センサーキットを開発して、市民に測定方法を教え、測定の品質を担保し、専門家による信頼できるデータの分析結果を市民に提供した。

ウェルビーイングやヘルスケアへの注目が集まる今、健康的な生活環境の重要性もますます高まっている。健康的な生活環境を実現する上で、空気の質は重要なファクターの1つである。

しかしながら、現在の公的機関の定点観測ではその数が少なく、空気の質を十分に把握できていない。Waagはオープンソースの手頃な価格の測定センサーキットづくりと市民参加のしくみをデザインし、より手軽に、より正確に、空気の質を測り、マッピングすることを可能にした。

国立公衆衛生環境研究所と手を挙げた自治体の協力のもと、大気汚染により生活の質が侵害されている地域の市民有志に測定セン

測定前に地図を見ながら議論する市民（出典：Dutch SkiesのHP）

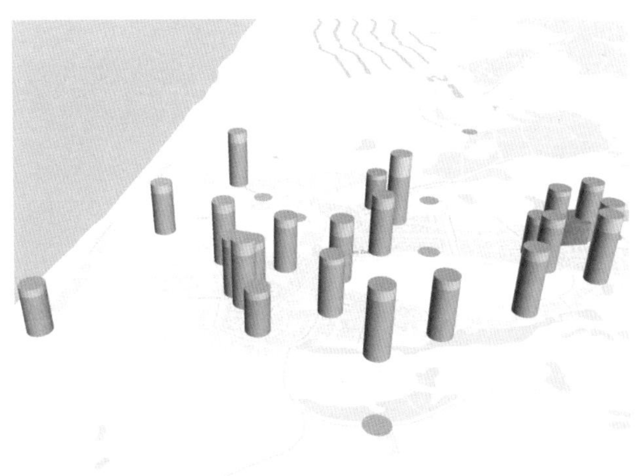

空気の質のデータが可視化されている様子（出典：WaagのHP）

サーキットを配り、それを市民自らが自宅などに設置して、自分の生活するエリアの空気の質を測った。100カ所以上の場所で集められたデータは地図上にマッピングされ、大気の汚染度が可視化された。

特にエイモンド地域には、大規模な鉄鋼工場があり、その工場から健康を害する物質が放出されていると以前から指摘されていた。そうしたこれまでなんとなく課題に感じていたことが可視化されることで、市民たちの実感と説得力のある根拠となり、得られたデータを元に大気汚染に対して行政や原因企業と建設的な議論を進めることにつながっている。実際に原因企業の1つである鉄鋼工場を持つ企業は、敷地内の空気の質を調査し、データを公表することを約束した。

これらの地域での試験的な取り組みを通して、北ホラント州全体の空気の質に関する市民の監視ネットワークを構築し、市民が生活環境の質について洞察力を高めることが目標である。

このように、Waagのスマートシティズンラボでは、プロジェクトを通して、市民の知識と実行力を高め、自分ごととして取り組む想いを育む。そんな“smart citizen（自ら考え主体的に行動する市民）”を増やすことで、政府や企業にとって、市民をより強力な対話者にし、社会にとってより建設的でよりスマートな解決策を生み出していく土壌をつくりだしている。

2004年-
アメリカから世界中へ
ユニリーバ株式会社

# 17

# Dove Self-Esteem Project

## 自己肯定感を高める教育プログラムを提供するプロジェクト

139カ国で展開されているDove Self-Esteem Project（出典：DoveのHP）

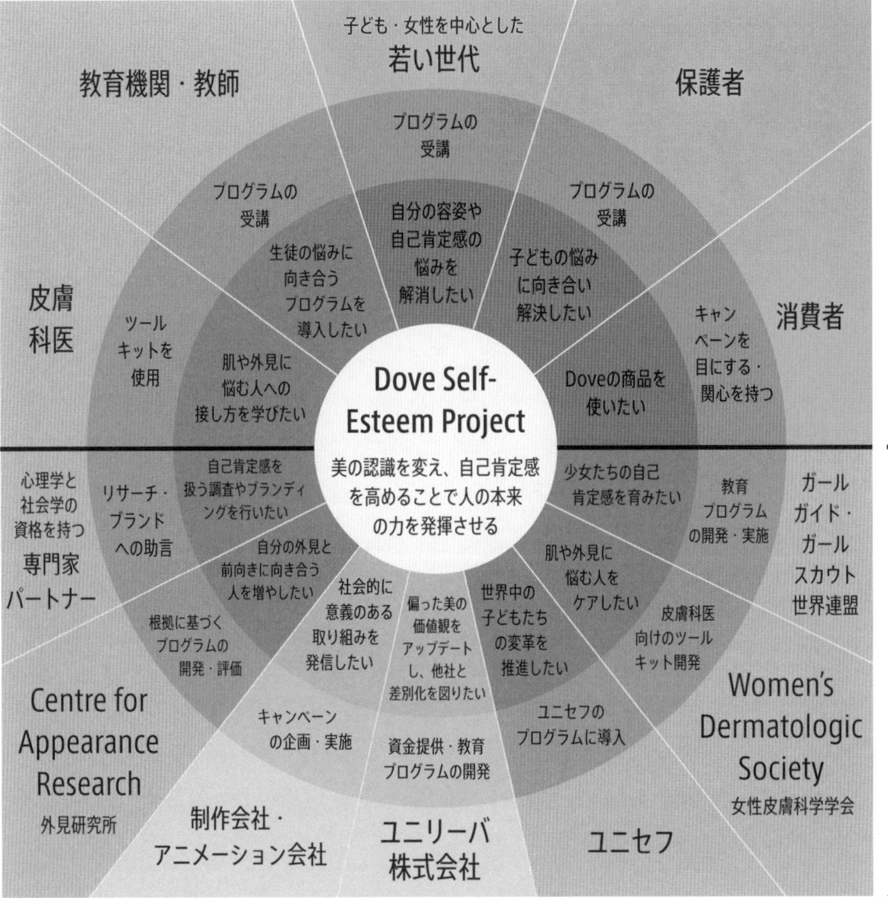


**POINT**

- 自己肯定感の低下に悩む若い世代を中心に、保護者、教員、皮膚科医にプログラムやツールを提供している。
- ユニリーバ単体で取り組むのではなく、専門家との協働や、関連する学会や連盟、団体と連携している。
- 制作会社・アニメーション会社等と共に取り組むことで、クリエイティブの力で活動を発信し、消費者に広く注目されるようにしている。

# 美しさへの強迫観念の解放をブランドのパーパスに

「Dove Self-Esteem Project」は、固定概念に縛られてきた「美」の概念を解放し、自己肯定感を高めるプロジェクト。日本でもよく知られている「Dove」のブランドを展開するユニリーバが主導している。主に若年層の女性を中心に、その親、そして教員向けの自己肯定感を高める教育プログラムを提供している。

背景にあるのは、ユニリーバのブランド戦略である。従来ユニリーバでは放任主義の下、1600以上あるブランドが各国でバラバラのアイデンティティを形成していた。そこで、ブランドを統合する必要に迫られ、2000年2月に400のブランドに絞り込んだ。Doveはその中でさまざまなブランドを統合したマスターブランドになった。そのため、これまでDoveが主張し続けてきた、「肌を乾燥させない」といった機能を謳う戦略ではなく、さまざまなブランドを統合する新たな価値づけが必要になった。

当時、広告などに起用されるモデルの美しさはデジタルで補正され、その表現は加速していた。現実にはありえないようなモデルの体型、外見的な美がつくりあげられていた。それまでは、利用者に自分も「こうなりたい」と思わせ、外見的な美を訴求することで商品を売ってきたからだ。しかし、美しさがデジタル補正でさらに過度な表現をされたことにより、利用者は「どれだけがんばってもこうはなれない」と思うようになり、自己肯定感を傷つけるようになった。

そうした背景のなか、ユニリーバが行ったアンケート調査で、世界中の女性が自分を美しいと思う割合がたったの2%であり、さまざまな活動を自分の外見が好きでないという理由で諦めてしまっているという結果が明らかになり、Doveの関係者は衝撃を受けた。

そこでDoveは「美は外見からつくられるもの」ではなく「美は内面からつくられるもの」という価値の転換を図り、行き過ぎた広告表現から脱却し始めた。Doveは2004年から「リアルビューティー」というコンセプトでキャンペーンを実施している。

さらに、「美しさが悩みの種ではなく、その人の自信の源となる」ように容姿への自信と自己肯定感を高めるプログラムの提供を始めたのが、この「Dove Self-Esteem Project」である。

Dove Real Beauty Sketches（出典：DoveのHP）

当初は2010年までに世界の500万人の少女にプログラムを提供することをミッションにキャンペーンを行い、基金を立ち上げて同じ目的の下で協働できるパートナーに資金提供を行った。

すでに139カ国で展開しており、2020年までに2000万人にプログラムを提供するという目標も達成している。現在もガールスカウト世界連盟を通じて女性に対して、ユニセフを通じて子どもに対して、Women's Dermatologic Society（女性皮膚科学会）を通じて皮膚科医に対して、自己肯定感を高めるプログラムの受講者を広げている。プログラムの作成には心理学や社会学の専門家も関わっている。

たとえば、2013年に公開された「Dove Real Beauty Sketches」という動画は7千万回以上視聴されている。このプロジェクトは、ある人の肖像画を、1つはその人自身が持つ外見の認識をもとに、もう1つは他人がその人の外見に対して持つ認識をもとに、プロが描いた。本人が2つの肖像画を目にすると、自分の認識よりも他人の認識をもとにして描かれた肖像画の方がより素敵に描かれていることがわかり、自身の外見に対する評価の低さを自覚させるものだった。

1企業がブランドのパーパスを突き詰めていった先に、世界中の人が美しくあるために「自己肯定感のなさ」という社会課題に向き合い、資金を投じて、専門家や国際的な活動体と連携しながら、長期的に価値観のアップデートに取り組んでいる姿がすばらしい。

単純に購買を促進させる広告ではなく、意識あるメッセージの発信とキャンペーンにとどまらない実際のアクションが、結果的にDoveのブランディングにつながり、ユニリーバ自体の価値向上にも貢献している。

2020年-
東京都
東京都特別広報チーム・一般社団法人コード・フォー・ジャパン

# 18

# 東京都 新型コロナウイルス感染症対策サイト

日々変化する感染状況を都民に早く正確に届ける情報サイト

東京都新型コロナウイルス感染症対策サイト

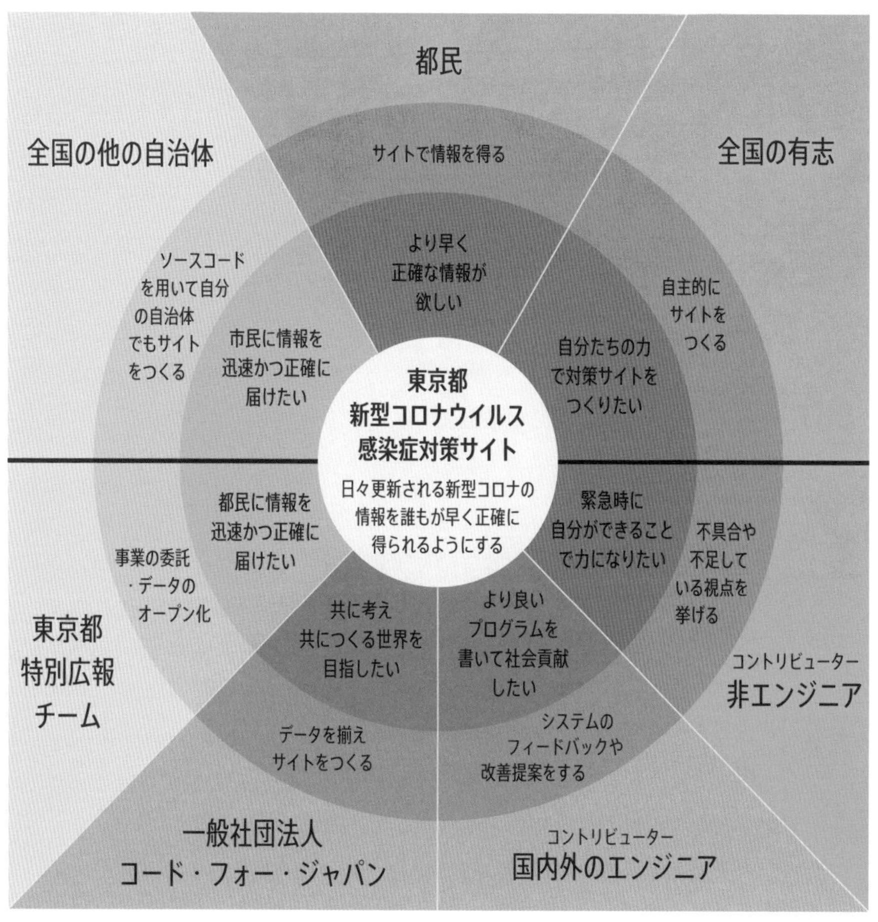


**POINT**

- ▶ コード・フォー・ジャパンが主体になって開発を進め、発注者側の東京都にも働きかけながら一緒になってオープンデータを準備した。
- ▶ 公開後、東京都のサイトを改善する過程にエンジニアや非エンジニアのコントリビューターが関わり、共にこのサイトをより良くしていった。
- ▶ 全国の有志や他の自治体がソースコードを活用し、同様のサイトが全国に広がった。

## 官民共創で、アジャイルにオープンにシステムを開発

2020年2月下旬、新型コロナウイルスの感染が確認され、未知のウイルスに対してさまざまな情報が飛び交い、どこに行けば最新の正確な情報が得られるか、人々の間で不安が高まった。そんななか、自治体のオフィシャルな情報サイトとして異例のスピードで公開されたのが「東京都新型コロナウイルス感染症対策サイト」である。都内の新型コロナウイルス感染者数やコールセンターへの相談件数などをグラフや表を用いてわかりやすく掲載し、日々変化する感染状況などをリアルタイムで発信した。

行政側でこのプロジェクトを引っ張ったのは、元ヤフー株式会社社長で東京都の副知事を務める宮坂学氏が率いる「特別広報チーム」である。開発の段階で、他の自治体にも展開していくようにオープンソースでつくることが指示された。

サイトを制作したのは、市民参加型の公共サービスの開発・運営を支援するクリエイターやIT技術者を中心としたコミュニティである一般社団法人コード・フォー・ジャパンである。彼らは東京都から声がかかる前から何かできないかと独自に動いており、もし声がかからなかったとしても、自分たちにできることを発信していくつもりだったという。結果的に、都のチームと連携し、自治体が所有するデータを扱いやすい状態にしてもらうことで、より迅速に、そして信頼感をもって、取り組むことができた。

このプロジェクトの特徴は、「アジャイル開発」と「オープンソース」である。

アジャイル開発とは、システムを開発する際に、全体の要件定義を行って開発を進めるウォーターフォール型の開発ではなく、優先順位をつけ、小規模に開発と実装を繰り返してアップデートしていく手法である。アジャイルな開発手法により、今回のサイト開発も通常数カ月かかるものが、わずか数日で公開に至った。

また、東京都のサイトのソースコードをGitHubで公開し、オープンソース化した。これにより、誰でもサイトの構造を確認できたり、コードの改善提案（プルリクエスト）を出したり、他の自治体や有志がコードをコピーしてそれぞれの対策サイトをつくることができる。実

際に、ソースコードの公開後、他の自治体もしくは有志がこれを元に感染対策サイトを次々に立ち上げ、47都道府県すべてに行き渡った。各地の開発には中学生や高校生など多様な世代・属性の人たちが「共につくる」過程に参加した。

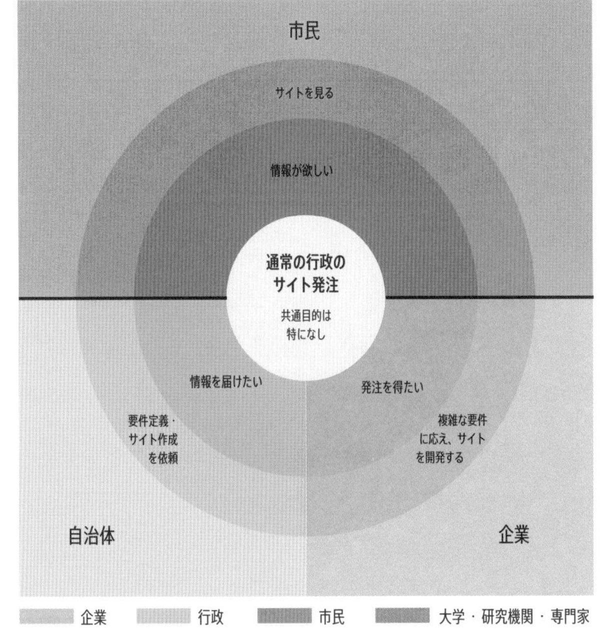


通常の行政のサイト発注の場合

GitHubはエンジニア向けのソフトウェア開発プラットフォームであるものの、「Issues」という機能はエンジニアでなくとも使用でき、その中で「こうした方が見やすい」「こんな不具合があった」などの改善の問題提起が可能である。公開での議論の軌跡が残っているため、なぜこの仕様になっているのか誰でも遡ることができる。

行政が仕様書を詰めきってから公募し、ウォーターフォール型で行う開発だと公開まで時間がかかり、完成がゴールで、改善しづらく、その検討過程もブラックボックスとなり、必要な視点を取りこぼしていても気づかない。オープンであること、透明性が担保されていることの価値が遺憾なく発揮された事例といえる。

今回のケースは緊急度が高いからこそスピード感が求められ、1組織だけでなくみんなで取り組む必要性が認識されやすかったかもしれない。しかし、この感覚は、非常事態の時だけでなく、日常的にプロジェクトを実行する上でも大切なものである。共創の重要性を多くの人が認識し、共に変化をつくっていく感覚を得るきっかけとなった事例といえる。

2017年-
兵庫県尼崎市
NPO法人月と風と・
株式会社ここにある

# 19

# ミーツ・ザ・福祉

## 障がいのある人もない人も一緒につくる、いろんな「違い」に出会うフェス

ミーツ・ザ・福祉のイベントの様子（提供：株式会社ここにある 藤本遼氏）

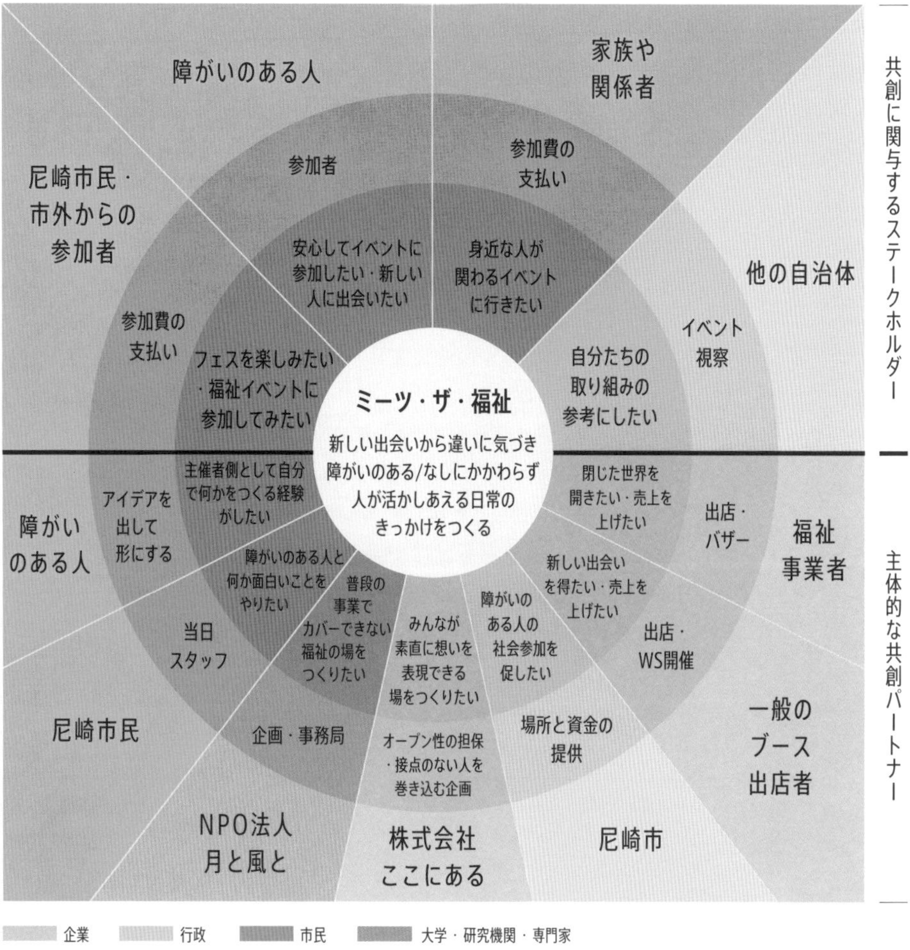

共創に関与するステークホルダー

主体的な共創パートナー

障がいのある人
参加者
安心してイベントに参加したい・新しい人に出会いたい

家族や関係者
参加費の支払い
身近な人が関わるイベントに行きたい

尼崎市民・市外からの参加者
参加費の支払い
フェスを楽しみたい・福祉イベントに参加してみたい

他の自治体
イベント視察
自分たちの取り組みの参考にしたい

ミーツ・ザ・福祉
新しい出会いから違いに気づき障がいのある/なしにかかわらず人が活かしあえる日常のきっかけをつくる

障がいのある人
アイデアを出して形にする
主催者側として自分で何かをつくる経験がしたい

福祉事業者
出店・バザー
閉じた世界を開きたい・売上を上げたい

尼崎市民
当日スタッフ
障がいのある人と何か面白いことをやりたい

一般のブース出店者
出店・WS開催
新しい出会いを得たい・売上を上げたい

NPO法人月と風と
企画・事務局
普段の事業でカバーできない福祉の場をつくりたい

株式会社ここにある
オープン性の担保・接点のない人を巻き込む企画
みんなが素直に想いを表現できる場をつくりたい

尼崎市
場所と資金の提供
障がいのある人の社会参加を促したい

企業　行政　市民　大学・研究機関・専門家

POINT

- 行政だけで福祉イベントを運営するのではなく、NPO・民間事業者が一緒になって活動することで、さまざまなステークホルダーが共に企画に関わっている。
- 障がいのある人が自らイベントの企画を行っている。
- 障がいのある人のためだけでなく、市民もイベントに参加し、運営にまで関わるようになった。

# 福祉の世界をオープンにし、人が活かしあえる日常をつくる

尼崎市は「障がいや障がいがある人たちへの理解を深めてもらうとともに、障がいのある人たちがさまざまな活動に参画すること」を目的に、1982年から35年間「市民福祉のつどい」というイベントを行ってきた。「ミーツ・ザ・福祉」は、それをもっとオープンにする形でリニューアルし、2017年より始まったイベントである。

聴覚障がいのある店員に身ぶり手ぶりで注文したり、協力してクイズを解いたりする「声のないお店」や、車椅子を道行く人々に押してもらい、約8kmの道のりを完走することを目指す「車椅子リレーマラソン」など障がいを持つ人自らが、まちの人と一緒になって楽しめる企画をつくっている。

イベントをリニューアルするにあたって、NPO法人月と風とと共に企画・ディレクションを行った株式会社ここにあるの藤本遼氏が一番こだわったのは「オープンであること」。イベントをまちに開くこともそうだが、つくる過程も誰にでも参加できるように工夫されている。最初は市の職員や旧実行委員会のメンバーの不安の声を聞きながらも、企画段階から誰でも参加できる「オープンミーティング」の形式でイベントをつくっていった。

福祉のイベントは、健常者が「企画を考える」側で、障がいのある人たちが「発表させられる」側といった形式で役割的・属性的に分断されることが多く、参加者も当事者やその家族、福祉事業者に閉じられたものが多かった。

しかし、ミーツ・ザ・福祉は障がいのある／なしで役割を分けるのではなく、自分が望む関わり方を自分で選べること、地域に開き、まちの人を巻き込むフェスイベントとして開催されている。

オープンミーティングの様子（提供：株式会社ここにある 藤本遼氏）

このイベントには、ここでの新しい出会いや経験から、さまざまな「ちがい」に気づき、障がいのある／なしにかかわらず、人が活かしあえる日常をつくりたい

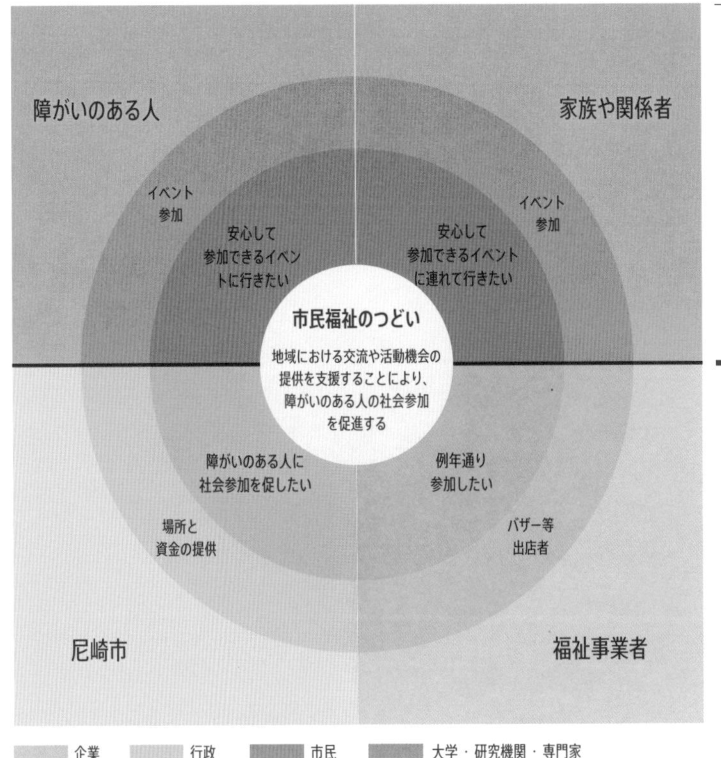


ミーツ・ザ・福祉にリニューアルされる前のイベント「市民福祉のつどい」のモデル

という想いが込められている。

実際、イベントを通じて、当事者と支援者、行政と民間、障がいを持つ人とまちの人といった、さまざまな立場を超えたコミュニケーションが生まれたことで、お互いに多くの気づきを得た。

30年以上続けてこられた行政主催の閉じた福祉イベントが、関わる人も関わり方も変えて、プロセスをオープンにした結果、イベントへの来場者が開始2年で2倍以上に増えたという。他の自治体からの視察も増え、この取り組みに参加した他の自治体が、同様に、今まで閉じていた福祉の世界を開くようなイベントを行うなど、取り組みが広がっている。

# 3

# より良い共創を実現するためのポイント

3章では、より良い共創を実現するための
ポイントについて、次の3つの観点から説明していく。

1. 共通目的をどう考えるか？
2. 誰をどう巻き込むか？
3. 活動をどう広げていくか？

# 3-1

# 共通目的をどう考えるか？

私は共創プロジェクトを、「1人のリーダーや1組織の権力がプロジェクトを引っ張るのではなく、共通目的に動機づけられた人々の主体性がプロジェクトを前に進めるもの」と考えている。だからこそ、共通目的を考えることを大切にしたい。特に、企業・大学・行政・市民など、立場の異なる人や組織が共にプロジェクトに取り組むときには、目的意識が重なりづらいため、どの立場からも自分ごとにできる「共通目的」を考えることを意識する必要がある。

ここでは、そんな共通目的をどう考えるかについて、3つのポイントで紹介する。

1. その共通目的、独りよがりになっていませんか？
2. 共通目的の前に、共通課題を深掘りできていますか？
3. 共通目的を具体的な言葉にできていますか？

## 01

## その共通目的、独りよがりになっていませんか？

### 目的の階層性を意識する

2章でも紹介した「LEO Innovation Lab」(48頁参照)の例で、もう一度共通目的について見てみよう。

製薬会社として自社を主語にした目的は「ヘルスケア分野のイノベーションで事業の幅を拡げる」かもしれない。しかし、「慢性的な皮膚病患者の生活をテクノロジーで改善する」ことを共通目的とすることで、患者は治療をスムーズに受けられるようになったり、医者は診察の負担が減ったり、新たな研究の材料を獲得したりと、関わるステークホルダーそれぞれが自分たちごととして関わることができるようになる。

> 自社を主語にした目的
> **「ヘルスケア分野のイノベーションで事業の幅を拡げる」**
> ⬇
> ステークホルダー全員が自分ごとにできる共通目的
> **「慢性的な皮膚病患者の生活をテクノロジーで改善する」**

このように、自分や自組織にとっての目的を中心にするのではなく、視野を広げてどんな課題を抱えた誰に対して取り組むのかという視点で目的を考えることが、より広い相手を巻き込むことにつながるはずだ。

これからの企業は「社会の資源をどう使えば、自社の利益を増やせるか？」という発想ではなく、「社会の課題に対して、自社はどんな役割を担えるか？」という視点に立てるかが重要である。自組織にしかできないことを大事にしながら、一段上の目的を考えてみよう。

こうした独りよがりではない共通目的にしていくためには、目的に階層性があるという考え方を踏まえると理解しやすい。目的に階層性があるという考え方は、紺野登氏が提唱する「目的工学」に基づいている。

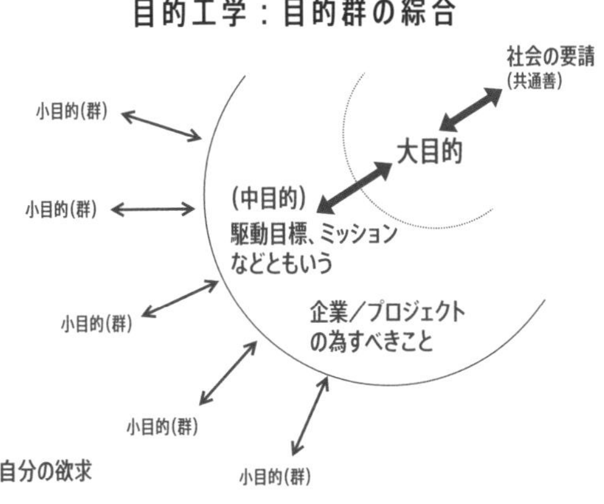


目的工学の考え方（出典：目的工学研究所）

目的工学では、目的を次のように階層化している。「小目的」は個人や個々の組織の利己的な動機、「大目的」は社会的な意義や大義、そして、それらをつなぐレンズのようなものが「中目的」であり、これが事業・プロジェクトを動かす。本書で共通目的と表現しているのは、この考え方の「中目的」に当たる。

「持続可能な社会」「ウェルビーイング」「SDGs」などの大目的をプロジェクトの目的にすると、抽象度が高いために誰も自分ごとにならず、アクションにつながりにくい。「公園はみんなのもの」と言われると、「そうだね」と思いつつ「誰のものでもない」と感じるのと同じ感覚に近い。

一方、具体的であっても、「私が私のためにこれをしたい」という主語が独りよがりな目的だと、他者は自分とのつながりや意味を感じられず協力する気になれない。

このように大目的だけ掲げても、誰も否定しない当たり障りのない目的では誰も自分ごとになりにくく、小目的がどれだけ集まっても、それぞれが自分のための目的でしかないため、誰かと一緒に取り組むものにはなりにくい。その中間で小目的と大目的をつなぐ「自分たちごと」にできる目的が重要である。

### 誰を起点に共通目的を考えるか

共通目的は、パーパスモデルで真ん中にある、最も重要なプロジェクトのパーパスである。目的の階層性を意識すると、共通目的は自分ごと・組織ごとよりも包括的で、社会全体の共通善よりも具体的な“ちょうどいい解像度”で語れるものだとイメージできる。ここではそのちょうどいい解像度を、「ざっくりしすぎないけど、それぞれが自分とつながっている感じがするくらいのもの」と表現しておく。

とはいえ、最初からいろいろなステークホルダーが自分ごとにできる共通目的をしっかりつくろうと言いたいわけではない。プロジェクトを進めながら、課題を共有したり、一緒に取り組むなかで少しずつ共感できることを増やし、関わる人の意識も共通目的も徐々に育てていくものだという前提のもと、それでも共通目的が大事だと意識し続けたい。

では、共通目的が独りよがりにならないためにはどうすればよいだろうか。

1つの考え方として、「課題の当事者＝人」を想像することが挙げられる。今あなたは誰を起点に事業やプロジェクトを考えているだろうか？自社や顧客企業、地域などを思い浮かべる人もいるかもしれない。しかし、自社の先には自社に関わる人がいて、顧客企業の先にはその企業に関わる人がいて、地域の先にはその地域で生活する人がいて、地球の先には地球に暮らす人々がいるはずだ。

2章の事例でも、共通目的の起点となった課題の当事者として下記のような「人」が見える。

- **LEO Innovation Lab**：慢性的な皮膚病の患者
- **Waag**：テクノロジーの不平等の影響を無意識に受けている市民
- **スクリレ**：教育現場で財源不足に頭を悩ませる教職員
- **Dove Self-Esteem Project**：美しさの固定概念に苦しむ若い女性たち
- **宗像国際環境会議**：海洋汚染の影響を受ける地元の漁師たち

「LEO Innovation Lab」や「Dove Self-Esteem Project」（108頁参照）のように顧客を起点にしたものや、「スクリレ」（44頁参照）や「宗像国際環境会議」（64頁参照）のように自分たちと関わりの深い人々を起点にしたもの、「Waag」（100頁参照）のように顕在化しつつある課題に目を向けて、その影響を受ける市民を起点にしたものもある。

自分たちの先にいる「人」を想像し、それを起点にする考え方は独りよがりを脱する1つの手段ではないだろうか。

## 02

## 共通目的の前に、共通課題を深掘りできていますか？

### 共通目的の前に共通課題を持つ

共創プロジェクトの初期段階では特に、共通目的はまだざっくりしていることが多い。ここを乗り越える1つの方法として、共通目的の前に「共通課題」を明らかにすることが挙げられる。ここでは、共通課題を見つけ、どう深掘りするのかについて見ていこう。

共通目的がざっくりしているときは、そもそも共通課題が何か明らかになっておらず、課題の深掘りができていないことが多い。共通課題とは、プロジェクトにおけるステークホルダーに共通している課題のことだ。この共通課題をどう解決し、どんな状態にしていくかが自ずと共通目的になっていく。つまり、共通課題は"プレ"共通目的とも言える。

最初からすでにクリティカルな共通課題が見えている場合もあるが、具体的に活動やプロジェクトを進めていくなかで共通課題が明確になっていくこともある。共通課題を見つけるためには、目の前の課題を掘り下げる必要がある。表層的な課題ではない、深い課題をどのように見つけていくとよいだろうか。

### 課題を深掘りする方法

ここでは課題の掘り下げ方の1例として、社会変革推進財団とキャピタルメディカ・ベンチャーズを発起人として図解総研が制作した「介護課題デザインマップ」を紹介したい。

介護課題デザインマップは、介護をとりまく課題の構造を可視化し、複雑な因果が相互にある状況でどこに負のループがあるのかを中心にマッピングしたものだ。この負のループを明らかにし、何が良くない循環を引き起こしているのかを特定していくことで、課題の連鎖的な構造を可視化しようとしている。

介護課題デザインマップをつくる大きなステップは以下の6つ。

1. 辛いこと・大変なこと・解決したいこと・違和感などを洗い出す
2. それらがなぜ起こるのか課題を掘り下げる
3. 出てきた課題同士をつなげる

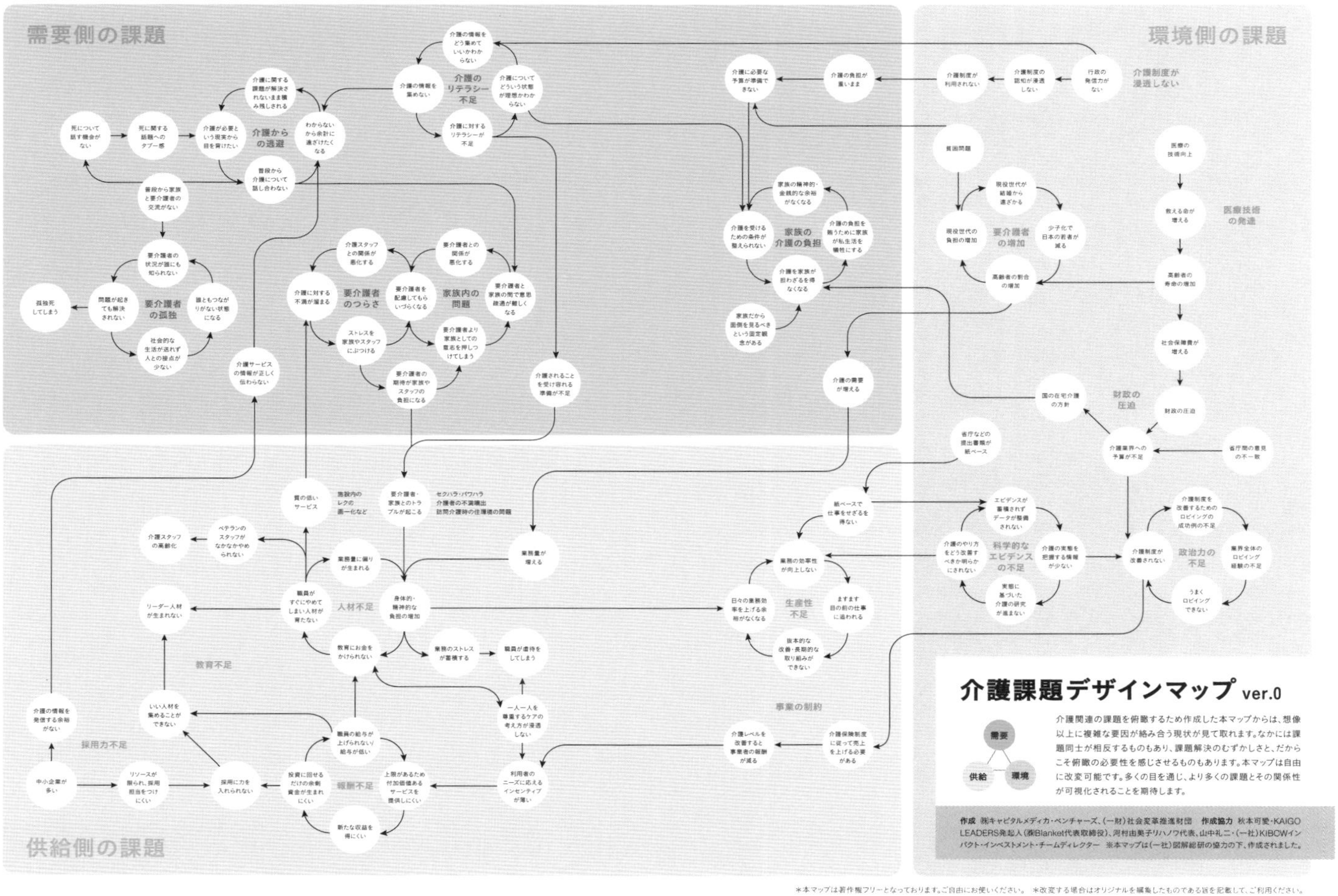

# 介護課題デザインマップ ver.0

介護関連の課題を俯瞰するため作成した本マップからは、想像以上に複雑な要因が絡み合う現状が見て取れます。なかには課題同士が相反するものもあり、課題解決のむずかしさと、だからこそ俯瞰の必要性を感じさせるものもあります。本マップは自由に改変可能です。多くの目を通じ、より多くの課題とその関係性が可視化されることを期待します。

需要
供給
環境

**作成** ㈱キャピタルメディカ・ベンチャーズ、(一財)社会変革推進財団　**作成協力** 秋本可愛・KAIGO LEADERS発起人(㈱Blanket代表取締役)、河村由美子リハノワ代表、山中礼二・(一社)KIBOWインパクト・インベストメント・チームディレクター　※本マップは(一社)図解総研の協力の下、作成されました。

## 需要側の課題

介護からの逃避
死について話す機会がない
死に関する話題へのタブー感
介護が必要という現実から目を背けたい
介護に関する課題が解決されないまま積み残しされる
わからないから余計に遠ざけたくなる
普段から介護について話し合わない
普段から家族と要介護者の交流がない

介護のリテラシー不足
介護の情報をどう集めていいかわからない
介護の情報を集めない
介護についてどういう状態が理想かわからない
介護に対するリテラシーが不足

要介護者の孤独
要介護者の状況が誰にも知られない
問題が起きても解決されない
誰ともつながりがない状態になる
社会的な生活が送れず人との接点が少ない
孤独死してしまう

要介護者のつらさ／家族内の問題
介護スタッフとの関係が悪化する
要介護者との関係が悪化する
介護に対する不満が溜まる
要介護者を配慮してもらいづらくなる
要介護者と家族の間で意思疎通が難しくなる
ストレスを家族やスタッフにぶつける
要介護者より家族としての意志を押しつけてしまう
要介護者の期待が家族やスタッフの負担になる
介護サービスの情報が正しく伝わらない
介護されることを受け容れる準備が不足

家族の介護の負担
介護に必要な予算が準備できない
介護の負担が重いまま
介護を受けるための条件が整えられない
家族の精神的・金銭的な余裕がなくなる
介護の負担を賄うために家族が私生活を犠牲にする
介護を家族が担わざるを得なくなる
家族だから面倒を見るべきという固定観念がある
介護の需要が増える

## 環境側の課題

介護制度が浸透しない
行政の発信力がない
介護制度の認知が浸透しない
介護制度が利用されない

要介護者の増加
貧困問題
現役世代が結婚から遠ざかる
現役世代の負担の増加
少子化で日本の若者が減る
高齢者の割合の増加

医療技術の発達
医療の技術向上
救える命が増える
高齢者の寿命の増加
社会保障費が増える

財政の圧迫
財政の圧迫
国の在宅介護の方針
介護業界への予算が不足
省庁間の意見の不一致
省庁などの提出書類が紙ベース

科学的なエビデンスの不足
エビデンスが蓄積されずデータが整備されない
介護のやり方をどう改善すべきか明らかにされない
介護の実態を把握する情報が少ない
実態に基づいた介護の研究が進まない

政治力の不足
介護制度が改善されない
介護制度を改善するためのロビイングの成功例の不足
業界全体のロビイング経験の不足
うまくロビイングできない

## 供給側の課題

生産性不足
紙ベースで仕事をせざるを得ない
業務の効率性が向上しない
ますます目の前の仕事に追われる
日々の業務効率を上げる余裕がなくなる
抜本的な改善・長期的な取り組みができない

人材不足
質の低いサービス
施設内のレクの画一化など
要介護者・家族とのトラブルが起こる
セクハラ・パワハラ
介護者の不満噴出
訪問介護時の住環境の問題
業務量が増える
業務量に偏りが生まれる
職員がすぐにやめてしまい人材が育たない
身体的・精神的な負担の増加
ベテランのスタッフがなかなかやめられない
介護スタッフの高齢化
業務のストレスが蓄積する
職員が虐待をしてしまう

教育不足
リーダー人材が生まれない
教育にお金をかけられない
いい人材を集めることができない
一人一人を尊重するケアの考え方が浸透しない

採用力不足
介護の情報を発信する余裕がない
中小企業が多い
リソースが限られ、採用担当をつけにくい
採用に力を入れられない

報酬不足
職員の給与が上げられない／給与が低い
投資に回せるだけの余剰資金が生まれにくい
上限があるため付加価値あるサービスを提供しにくい
新たな収益を得にくい
利用者のニーズに応えるインセンティブが薄い

事業の制約
介護保険制度に従って売上を上げる必要がある
介護レベルを改善すると事業者の報酬が減る



介護課題デザインマップ（参照：図解総研 https://zukai.co/research/kaigo）

4. 課題のゾーニングをする
5. 負のループを見つけて可視化する
6. 負のループ同士をつなげて、完成

まずは、身近なところから辛いこと・大変なこと・違和感などを洗い出す、という最初のステップが重要だ。このステップでは、できるだけ多くのステークホルダーから意見を出した方が、より多角的な視点を集められる。介護課題デザインマップでは、介護の当事者、投資家、事業者、専門家など実際に介護の領域に関わる人と共にワークショップを行った。負の要素を洗い出し、それに対して、なぜ起こっているのか、課題をさらに深掘りする。深掘りが終わったら近しいものでグルーピングし、関連している課題同士をつなげていった。

次に、課題のゾーニングを行う。介護課題デザインマップでは、「需要側」「供給側」「環境側」という3つのエリアに分けた。需要側は要介護者や家族、供給側は介護事業者など、環境側は政治や行政といった制度を策定・運用している人たちだ。こうしてエリアを分けることで、どの課題が誰に起因しているのかを見分けやすくなった。

最後に、これまで洗い出した課題をもとに、どこに負のループがあるのかを捉え、1つ1つ可視化していった。因果関係があったとしても、ループにならないものもある。そうしたループにならない課題は端に置いておき、ループを見出していくことが重要である。負のループが特定できたら、あとはそのループ同士をつなげ、全体をまとめていった。

こうしてさまざまな課題が負のループとして可視化されたことで、どんな悪循環を断ち切っていく必要があるのかを議論しやすくなる。また、エリアをまたぐ課題ほど、異なる立場のステークホルダーによる解決が求められる。そうした課題はなかなか解決されづらいが、本当に解決すべき課題はそういうところにこそ潜んでいる可能性がある。

同様に、ファッション産業全体の循環構造を可視化した事例として、「サーキュラーダイアグラム」も紹介したい。このダイアグラムは、ファッショ

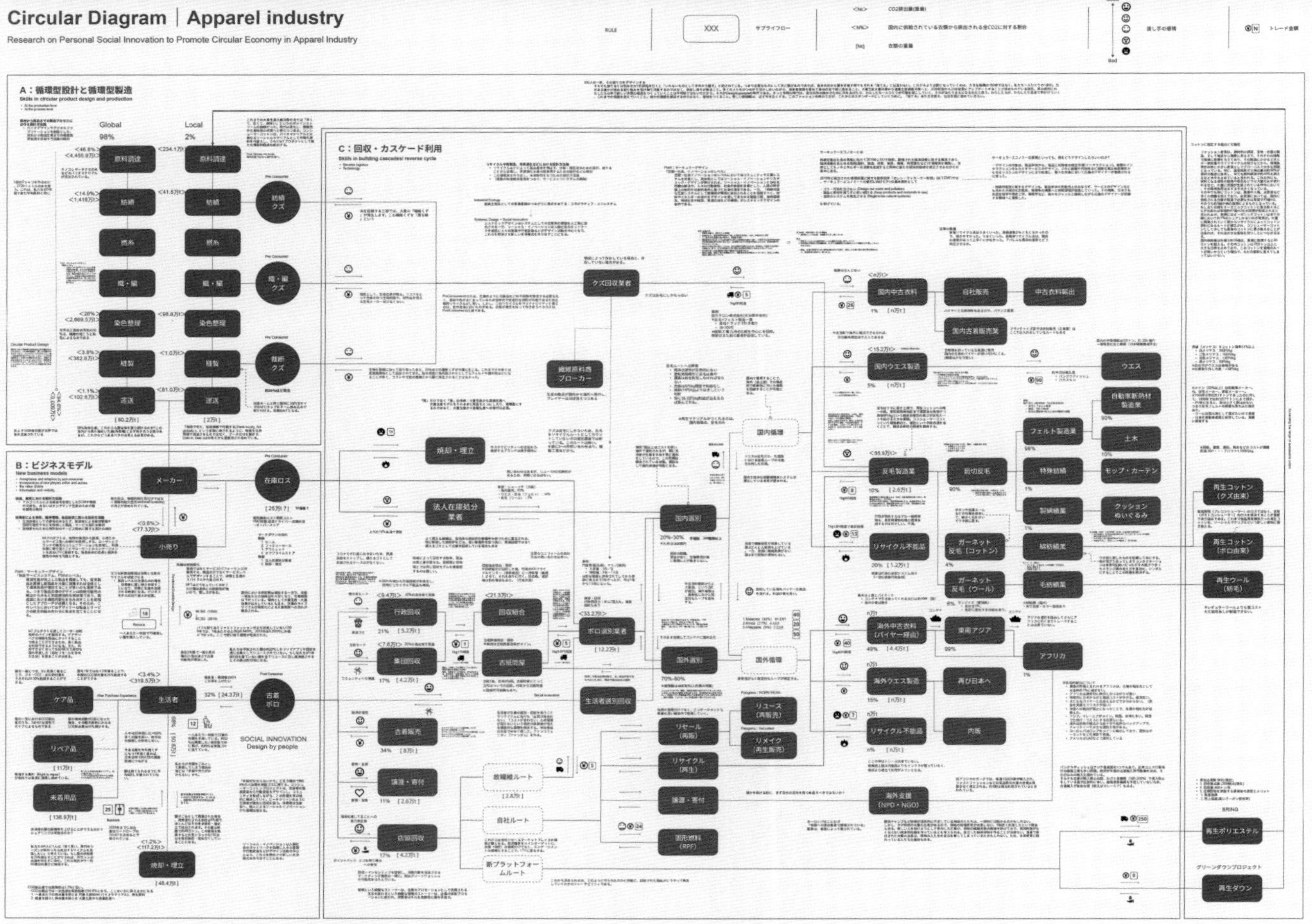

# Circular Diagram｜Apparel industry

Research on Personal Social Innovation to Promote Circular Economy in Apparel Industry

RULE

XXX　サプライフロー

Good / Bad

## A：循環型設計と循環型製造

Skills in circular product design and production

Global 98%

Local 2%

原料調達　<48.8%> <4,455.9万t>　<234.1万t>　原料調達

紡績　<14.9%> <1,418万t>　<41.5万t>　紡績　紡績クズ

撚糸　撚糸

織・編　織・編　織・編クズ

染色整理　<28%> <2,669.5万t>　<98.8万t>　染色整理

縫製　<3.8%> <362.8万t>　<1.0万t>　縫製　裁断クズ

運送　<1.1%> <102.8万t>　<81.0万t>　運送

<94.6%> <9,009万t>

[80.2万t]　[27万t]

## B：ビジネスモデル

New business models

メーカー　在庫ロス　[25万t?]

小売り　<0.8%> <77.3万t>

ケア品　生活者　<3.4%> <319.5万t>　32%［24.3万t］　古着ボロ

リペア品　[11万t]

未着用品　[138.9万t]

廃却・埋立　<1.2%> <117.2万t>　[48.4万t]

68%［50.8万t］

SOCIAL INNOVATION
Design by people

## C：回収・カスケード利用

Skills in building cascades/ reverse cycle

クズ回収業者

繊維原料商ブローカー

焼却・埋立

法人在庫処分業者

行政回収　<9.4万t>　21%［5.2万t］

集団回収　<7.6万t>　17%［4.2万t］

回収組合

古紙問屋

ボロ選別業者　<33.2万t>　[12.2万t]

生活者選別回収

古着販売　34%［8万t］

譲渡・寄付　11%［2.6万t］

店頭回収　17%［4.2万t］

故繊維ルート　[2.8万t]

自社ルート

新プラットフォームルート

国内選別　20%-30%

国外選別　70%-80%

国内循環

国外循環

リユース（再販売）

リメイク（再生販売）

リセール（再販）

リサイクル（再生）

譲渡・寄付

固形燃料（RPF）

国内中古衣料　<n万t>　1%［n万t］

自社販売

中古衣料輸出

国内古着販売業

国内ウエス製造　<15.2万t>　5%［n万t］

ウエス

自動車断熱材製造業

反毛製造業　<85.9万t>　10%［2.6万t］

反毛反毛　90%

フェルト製造業　99%

特殊紡績　1%

製綿業業

紡績業

毛紡績業

土木

モップ・カーテン

クッションぬいぐるみ

リサイクル不能品　20%［1.2万t］

ガーネット反毛（コットン）　4%

ガーネット反毛（ウール）　6%

海外中古衣料（バイヤー経由）　n万t　49%［4.4万t］

東南アジア　99%

アフリカ　1%

海外ウエス製造　n万t　15%［n万t］

再び日本へ

内販

リサイクル不能品　n万t　n%［n万t］

海外支援（NPO・NGO）

再生コットン（クズ由来）

再生コットン（ボロ由来）

再生ウール（紡毛）

再生ポリエステル

BRING

グリーンダウンプロジェクト

再生ダウン

ファッション産業のサーキュラーダイアグラム（作成：峯村昇吾 https://zoukei-kousou.com/circular-diagram）

ン産業に関わってきた峯村昇吾氏の「ファッション産業の生産販売（動脈）と回収再生廃棄（静脈）が別々に描かれている課題意識」から生まれた。ワークショップ形式ではなく、有識者十数名へのインタビューやリサーチを通じて、生産販売のサプライチェーンと、そこから廃棄された資源と価値がどのように連鎖し流れていくかを可視化したダイアグラムだ。

このように、多くの問題や現状のシステムの全体像を共有することで、クリティカルな課題を見つけやすくなったり、課題に対して複数の立場から一緒に取り組んでいくことができるようになる。

異なる立場のステークホルダーがこうした課題を可視化する過程に参加したり、可視化された課題を議論することは、課題を共有し、目的を共につくるための1つの手段になるだろう。現場の課題から小さく解決していく取り組みと並行して、こういった全体のシステムを俯瞰して課題を解決する取り組みを行うことで、より大きな変化につなげられるはずだ。

## 03

## 共通目的を具体的な言葉にできていますか？

### 共通目的の構造をつかむ

課題意識はなんとなく共有できているが、共通目的を言葉にするのにつまずくことも多いのではないか。そこで、共通目的を言葉にするフレームとして「共通目的の構造」を紹介したい。

共通目的の構造は、「誰が」「何をどのようにして」「どんな状態にする」という3つの要素から成り立っている。

- 「誰が」
- 「何をどのようにして」
- 「どんな状態にする」

これを言語化をしていくことで、共通目的の解像度が一段上がり、この取り組みを通してどういうアプローチで、未来にどんな状態を目指してい

## 共通目的は3つの要素でできている

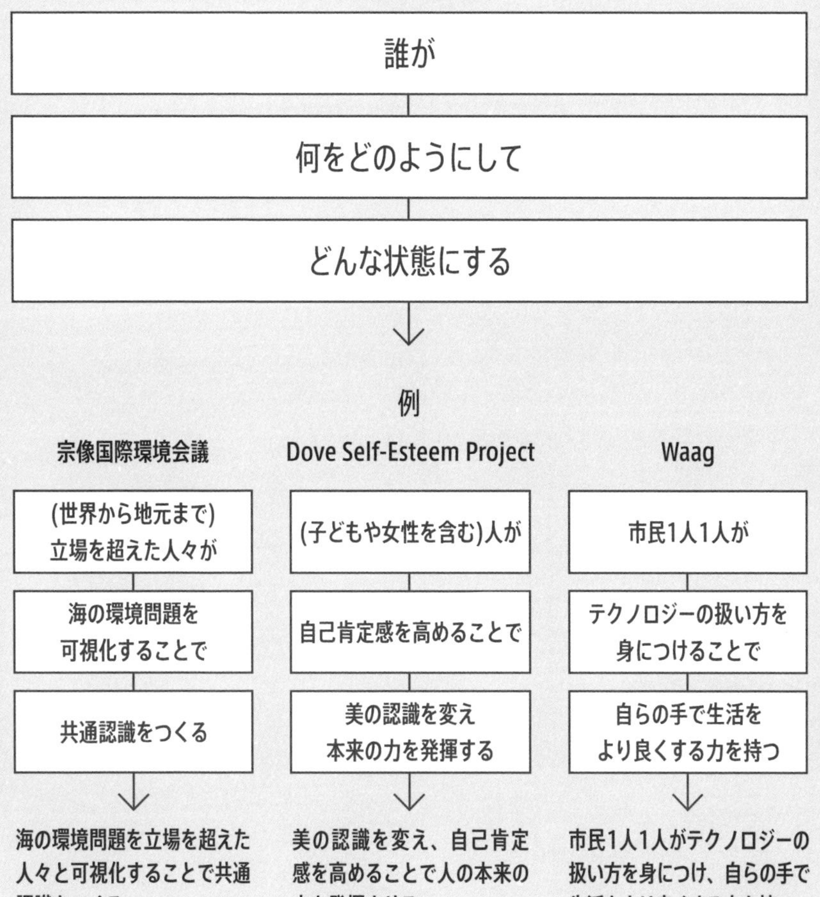
共通目的の構造
誰が
何をどのようにして
どんな状態にする
例
宗像国際環境会議
(世界から地元まで)立場を超えた人々が
海の環境問題を可視化することで
共通認識をつくる
Dove Self-Esteem Project
(子どもや女性を含む)人が
自己肯定感を高めることで
美の認識を変え本来の力を発揮する
Waag
市民1人1人が
テクノロジーの扱い方を身につけることで
自らの手で生活をより良くする力を持つ

海の環境問題を立場を超えた人々と可視化することで共通認識をつくる

美の認識を変え、自己肯定感を高めることで人の本来の力を発揮させる

市民1人1人がテクノロジーの扱い方を身につけ、自らの手で生活をより良くする力を持つ

くかを具体化することができる。

たとえば、「宗像国際環境会議」「Dove Self-Esteem Project」「Waag」の事例で、共通目的の構造を見てみると、以下のようになる。

- **宗像国際環境会議**：海の環境問題を、立場を超えた人々と可視化することで、共通認識をつくる
- **Dove Self-Esteem Project**：美の認識を変え、自己肯定感を高めることで、人の本来の力を発揮させる
- **Waag**：市民がテクノロジーの扱い方を身につけ、自らの生活を自らの手でより良くする力を持つ

このように、「どんな課題に対して」「誰が」「何をどのようにして」「どんな状態にするのか」というアクションの要素が入っていることで、共通目的を具体化することができる。

必ずしもこのフレームを使って共通目的を表現する必要があるわけではない。言葉にならないときに、まず当てはめてみる叩き台として、使ってみてほしい。

### どのように言葉にしていくか

では共通目的の構造のなかに、具体的にどんな言葉を入れていけばいいのか。「誰が」「何をどのようにして」「どんな状態にする」の順に見ていこう。

まず、「誰が」の要素は、1項で見てきた、課題の当事者を起点に考えることが多い。課題の当事者は、プロジェクトの成長とともに対象範囲が広がっていく場合もある。

たとえば「Dove Self-Esteem Project」の事例のように、課題を掘り下げていくなかで、若い女性から、子どもたち・皮膚に疾患を持つ人々へとその対象範囲を広げている例や、「宗像国際環境会議」の事例のように、海の環境保全の課題は漁師だけのものではなく、地域の共通

課題、さらには世界の共通課題だとして、地元企業・学生・研究者・自治体・省庁・世界遺産ネットワークなど、立場を超えたさまざまな人へと対象範囲を広く捉えた例もある。このように課題の当事者を起点に考え、そこからプロジェクトの成長に合わせて柔軟に対象範囲を広げていくことが求められる。

次に、「何をどのようにして」の要素は、2項で見てきた、深掘りした課題とその解決の方向性について書く。解決の方向性を考えるためには、そこに関わるステークホルダーがどんなスキルやアセットを持っているか、どんなコンテクストがあるかを捉えることが必要だ。もし、課題に対する解決が、関わるステークホルダーの能力を超えている場合は、新たなステークホルダーを巻き込むか、解決の方向性を調整しなくてはならない。つまり、深掘りした課題、できること、巻き込むべきステークホルダーなどを総合して考えた上で解決の方向性を考える必要があるということだ。

「Dove Self-Esteem Project」の事例では、ユニリーバの調査で、広告で展開されるモデルの美しさがデジタル補正でいきすぎた表現になったことを1つの背景として、自分はこんな外見的な美を獲得できないと思う女性が増え、自己肯定感が下がっていることがわかった。この課題に対して、消費者の自己肯定感を高める取り組みをすることが解決の方向性になる。

「Waag」の事例では、創設者の「テクノロジーは必ずしも平等ではない。それを扱える人と扱えない人の間に不均衡を引き起こす」という課題意識に対して、市民1人1人がテクノロジーの扱い方を身につけるという取り組みの方向性が見出された。このように課題と解決の方向性のセットが、「何をどのようにして」の要素に入る。

最後に、「どんな状態にする」の要素には、誰がどうなるのか、つまり、課題を解決したことで得られる変化が何なのかを書く。

前述した「Dove Self-Esteem Project」の事例では、消費者の自己肯定感を高める取り組みをすることはつまり、（外見的な美から内面的な美へと）美の認識を変え、その人の本来の力を発揮できるようにすることにつながっていく。「Waag」の事例では、市民1人1人がテクノロジーの扱い方を身につけることはつまり、自分たちの生活を自分たちの手でより良くする力を持つことにつながっていく。このように、「どんな状態にするのか」は、解決の方向性によってどんな変化が起こるのかを言語化するものだ。

ここまで見てきたように、共通目的には「誰が」「何をどのようにして」「どんな状態にするのか」を入れると具体的になりやすい。こうして共通目的を言語化することで、プロジェクトを通して何を目指したいのかが理解されやすくなり、それによって、より多くのステークホルダーを巻き込めるようになる。

## 3-2

# 誰をどう巻き込むか?

次に、共創を行う上で欠かせない複数のステークホルダーについての考え方、誰をどう巻き込んでいくかについて説明したい。

これまでのプロジェクトでは、発注者（資金提供者）が主体になることが多かったが、共創プロジェクトでは、資金を提供することは1つの役割にすぎず、さまざまな役割をそれぞれのパートナーが分担して対等な関係で進めていく。

このステークホルダーの役割を整理できるかが、より多くのステークホルダーを巻き込むポイントである。そこで、ステークホルダーの役割と巻き込み方について、次の5つの問いを挙げてポイントを見ていきたい。

1. 誰が共創パートナーかしっかり意識できていますか？
2. 異なる属性のステークホルダーと一緒に取り組んでいますか？
3. 本来関わるべき人を排除していませんか？

4. 全員に同じだけの想いと関わりを求めていませんか？
5. 巻き込む相手にインセンティブをつくることができていますか？

## 01

## 誰が共創パートナーかしっかり意識できていますか？

### 共創パートナーの定義

ステークホルダーが多いプロジェクトでは、全員の意見を聞いていると船頭が多くなってしまってプロジェクトが進みにくかったり、意見が対立した場合は誰もが納得しやすい当たり障りのない目的を掲げてしまうことになることも少なくない。

プロジェクトの初期からステークホルダーを増やしすぎると、会議やワークショップを開いて議論はするものの、どこにも「主体性」がなかったり、みんなで目指す「共通目的」が決められないまま進むため、アイデアが出てもそれを実行する者がいなくて停滞したり、解散してしまうといった経験がある人も少なくないのではないか。

そこで、共通目的をもって一緒に進んでいくための「共創パートナー」を見極めることが重要である。

パーパスモデルでは、図の下半分を「主体的な共創パートナー」、図の上半分を「共創に関与するステークホルダー」としている。「主体的な共創パートナー」と「共創に関与するステークホルダー」の分類は、以下の3つの条件に当てはまるかどうかで考える。

1. 共通目的への賛同
2. リソースの提供
3. 主体性の発揮

この3つの条件が揃ったステークホルダーを「主体的な共創パートナー」

## 主体的な共創パートナーを見極めるための3つの要素

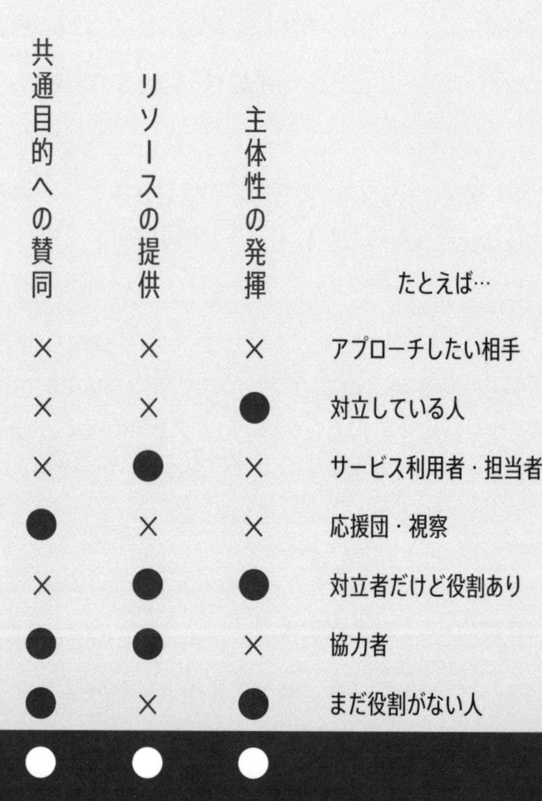

| 共通目的への賛同 | リソースの提供 | 主体性の発揮 | たとえば… |
|---|---|---|---|
| × | × | × | アプローチしたい相手 |
| × | × | ● | 対立している人 |
| × | ● | × | サービス利用者・担当者 |
| ● | × | × | 応援団・視察 |
| × | ● | ● | 対立者だけど役割あり |
| ● | ● | × | 協力者 |
| ● | × | ● | まだ役割がない人 |
| ○ | ○ | ○ | |

共創に関与する
ステークホルダー

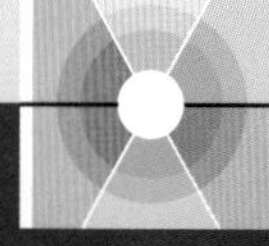

主体的な共創パートナー

共通目的に賛同し、リソースも提供し、主体性を発揮する
この3条件が当てはまれば主体的な共創パートナーとなる。

とし、それ以外のステークホルダーを「共創に関与するステークホルダー」とする。

3つの条件について、それぞれ当てはまる／当てはまらない場合があるので、パターンは全部で8つに分けられ、左図のようになる。

ここではたとえ、サービスを利用するユーザーであっても3つの条件を満たしていれば「主体的な共創パートナー」になれるし、運営企業であってもただ業務を委託されているだけで条件を満たしていなければ「共創に関与するステークホルダー」になることもある。つまりパーパスモデルは、プロジェクトのステークホルダーを、表面上の役割ではなく、本質的な役割によって分類するツールなのだ。

あなたがプロジェクトの中心業務を担う場合、まずはそのプロジェクトのステークホルダーを前述した3つの条件で分類して、誰がどのパターンに当てはまるかを整理してみよう。そうすれば、誰にどういうアプローチをすればよいかが見えてくるだろう。

たとえば、「この人はまだ主体性はないけれど、一緒にやるとお互いにとって良い関係を築けそうだから声をかけたい」とか、「この人は共通目的にも賛同しているし、主体性もあるから、あとはどんな役割を担ってリソースを提供していくか一緒に考えるとよさそう」とか、関わり方の優先順位やコミュニケーションの仕方をこの3つの条件を軸に確認すると、「主体的な共創パートナー」も「共創に関与するステークホルダー」も意外な顔ぶれが並んだりする。

### “なんちゃって”主体者に気をつけろ

よく誤解されるのが、プロジェクトの運営者が、自分は「主体的な共創パートナー」であると思ってしまうケースである。

主体的な共創パートナーには、前述した3つの条件がすべて揃っている必要があるが、リソースを提供しているけれど主体性はない、共通目的に賛同しているけれど何もしていない、といった1〜2つの条件だけ満たしている人は、主体的な共創パートナーとは呼べない。「場所を提供しているから」「コンソーシアムに参加しているから」「運営に関わっているから」というのは"なんちゃって"主体者である。これまでのプロジェクトの運営では、こういう"なんちゃって"主体者が主導権を握り、思うようにプロジェクトが進まないことも多かったのではないか。

しかし、共創プロジェクトにおいて、事業者や発注者だけが必ずしも共創の主役ではない。たとえば、企業のアプリ開発のテストデータを提供してくれるユーザーや、行政の施策にパブリックコメントを届ける市民も、どんな人でも3つの条件を満たしていれば共創パートナーになりうる。

逆に、たとえ大企業で資金を提供していても共通目的への賛同がなければ共創パートナーとは言えないし、コンソーシアムに参加していても主体性がなければ共に価値をつくる相手とは認められない。そうしたケースは「協業」であったとしても、「共創」ではないと考える。それらを区別するために、「主体的な共創パートナー」と「共創に関与するステークホルダー」を明確にしているのである。

自分がプロジェクトを一緒にやっていくなかで、全員に全力でアプローチしていたら大変だが、この人はこの部分で助けてほしいとか、この人は目的を考えるところから一緒にやってほしいとか、それぞれのパートナーに期待する関わり方を意識できることが、プロジェクトの進み方や結果に影響する。

このようにステークホルダーの状態を認識し、どういう役割を期待してどうアプローチするか、それをこれまでとは異なる条件で戦略的に考えていくことがとても重要である。

## 02

## 異なる属性のステークホルダーと一緒に取り組んでいますか?

### 協業と共創の違い

近年、官民連携や産学連携など、セクターを横断した取り組みが増加している。こうした取り組みが増加する背景には、特定の分野のステークホルダーだけでは突破できない複雑な課題が増え、それらの課題の解決には多様なステークホルダーに関わってもらう必要があるからだ。そして、それらのステークホルダーにバランスよく配慮していくことを目指す「ステークホルダー資本主義」という考え方も注目を集めている。

ステークホルダー資本主義は、株主の利益を第一とする「株主資本主義」とは違い、従業員や取引先、顧客、地域社会といったあらゆるステークホルダーの利益に配慮すべきという考え方のもと、2020年1月の世界経済フォーラムで主題として掲げられたものだ。

従来のやり方と多様なステークホルダーの参加を重視するやり方を比較すると、次のようになる。

- **企業**
  事業の経済性だけを追求 → 社会性や顧客の声も採り入れる
- **行政**
  トップダウンで政策を実行 → 市民が政策の策定プロセスに関わる
- **大学や研究機関**
  専門家だけで研究 → 研究を社会にオープンにする

しかしながら、分野を超えた異なる属性のステークホルダーを巻き込んでいくことにどんな意義があるのか、また、どのように多様なステークホルダーを巻き込んでいけばよいのかが、わからない人も多いのではないか。

### 異なる属性がプロジェクトの成果に及ぼす影響

パーパスモデルでは、ステークホルダーの属性を「企業」「行政」「市民」「大学・研究機関・専門家」の4つに塗り分けている（1章参照）。こうすることで、属性の偏りや均質性に視覚的にすぐ気づくことができる。

しかし、そもそも属性を超えて共創すると何が良いのか。この項では異なる属性のステークホルダーと一緒にやる価値や意義を、2章の事例の分析を通して伝えたい。

## 多様なステークホルダーが関わる「共創」と これまでの「協業」の違い

よくある
**協業**

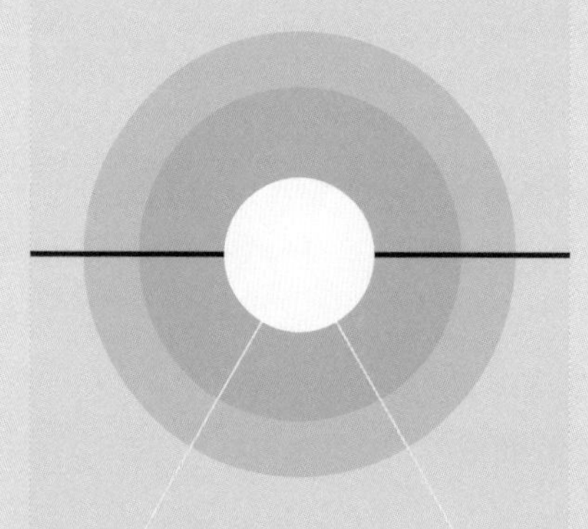

同じ属性だけで
新しい事業をつくる

これからの
**共創**

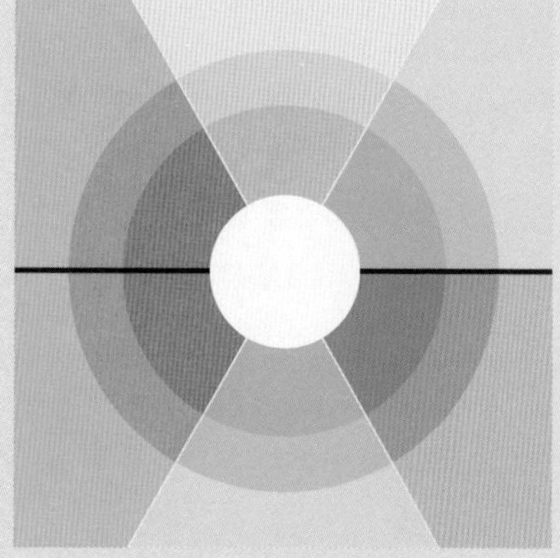

多様な属性で
新しい価値をつくる

### 1）研究機関や専門家との共創

まずは、研究機関や専門家と一緒にやるからできた事例を紹介する。

リジェネラティブ・オーガニック認証制度である「Regenerative Organic Certified」（56頁参照）は、アメリカ農務省が定めるオーガニック基準をもとに、民間の有機農業研究機関であるRodale Instituteやさまざまな分野の認証団体・専門家らと協働することで、包括的で世界最高水準の認証制度を創設できた。

ユニリーバが主に若年層の女性を中心に自己肯定感を高める教育プログラムを提供している「Dove Self-Esteem Project」は、心理学や社会学の専門家を巻き込み、自己肯定感についての教育プログラムを開発することでブランディングに寄与している。

研究機関や専門家と一緒に活動することで、先端技術や専門知識に基づく観点から他にない解決策を導けたり、取り組みの根拠を提示することで説得力が得られる。また、こうした専門的な知見を入れることで、向き合っている課題を1組織の主観的なものでなく、客観的な課題へと高められ、他の組織とも共有することができるようになる。

### 2) 行政との共創

次に、行政と一緒にやるからできた事例を紹介したい。

東京都の「新型コロナウイルス感染症対策サイト」(112頁参照)は、もともと一般社団法人コード・フォー・ジャパンだけでもアクションを起こそうとしていたが、東京都と連携することにより信頼度を高め、データ形式を揃えてもらうことで作業コストを下げたり、都がGitHubでソースコードを公開して他の都道府県にも展開できるようにし、幅広い人に利用してもらうことができた。

「B Corp」(60頁参照)は、アメリカの各州へ働きかけ、賛同を得たことで、株式会社でもNPOでもない「Benefit Corporation」という新たな形態の企業をつくる法律ができた。

省庁や自治体と一緒にやることで、活動に対する信頼が保証され、幅広い人への訴求力が生まれる。また、これまでの制度やルールを変えられたり、税制の優遇や補助金などの支援を得られることで、リスクを軽減し挑戦の余白をつくるなどのメリットが挙げられる。

### 3) 市民やユーザーとの共創

最後に、市民やユーザーと一緒にやるからできた事例を紹介する。

「LEO Innovation Lab」は、皮膚病患者が開発のための症例や素材を提供してくれたことで、患者=顧客の課題をより明確に捉えることができ、サービスの質的向上につながった。

Waagのスマートシティズンラボのプロジェクト「Dutch Skies」(104頁参照)は、住民たちがセンサーで観測したデータが、行政の定点観測データを補完し、研究や政策検討の材料になり、市民の関心を高めるきっかけにもなった。

「BONUS TRACK」では、住民たちと新しい場を一緒につくるプロセスを経たことで、プロジェクトを運営する小田急電鉄にとってさまざまなメリットがあった。短期的なメリットとしては、計画に反対していた人も徐々に賛同してくれるようになったり、まちに愛着を持つ人が増えて下北沢が賑わったり、メディアの注目が集まったり、ボランティア団体が場の運営の一部を担うことで運営コストが下がったりした。そして、最も大切なのが、長期的なメリットである。地域の活性化には時間がかかる。それを見据えた取り組みは沿線価値の向上につながり、ひいては企業の持続可能性につながっている。

市民やユーザーと共に活動することで、潜在的ニーズを引き出し、有効な解決策を導けたり、その取り組みの味方やファンを増やすことができる。これまでのプロジェクトでは、市民やユーザーを巻き込まなくてもできるプロセスで実施されることが多かったが、1人1人の声がプロジェクトの進捗や成果に大きく関わるようになった今、創出する価値を高めるためにも、リスクマネジメントの観点からも一緒に取り組むことは非常に重要である。

## 03

## 本来関わるべき人を排除していませんか?

### 関わるべきステークホルダーを排除してしまうパターン

通常、プロジェクトでは利害を中心とした関係が生まれやすい。利害とは、主に金銭のやりとりであり、受発注の関係であることが多い。もちろんこうした関係は必要不可欠だが、そればかりにとらわれていると、本来関わるべきステークホルダーを無視したり、見過ごしてしまう危険性がある。

そもそも、「関わるべきか、否か」はどのように決まるのだろうか？

本来関わるべきステークホルダーは、そのプロジェクトが行われることで「影響を受けるかどうか」によって決まる。しかし問題なのは、影響を受けるにもかかわらず、それを無視してしまうケースがあることだ。また、影響に気づけるかどうかも問題だ。これらをパターン化すると、以下のようになる。

**1. 影響に気づいているが無視するパターン**（意図的）
a. お金にならない
b. 時間と手間がかかる

**2. 影響に気づくことができないパターン**（潜在的）
a. 影響が間接的なため（物理的な距離）
b. 知識が不足しているため（心理的な距離）

まず、影響に気づいているが無視するパターンとして、お金にならなかったり、時間と手間がかかる場合がある。金銭的なリターンを得にくいことに対して配慮が欠けてしまうのだ。たとえば、都市開発の際に、住民の意見を無視したり、ホームレスへの立ち退きを強制的に行ったり、不必要に木々の伐採を行うなど、環境や社会的弱者への配慮が欠けた計画を押し通すといったことである。そうした態度に対して、問い合わせが殺到したり、反対を表明するデモ活動が行われたりして、計画の変更・中止を余儀なくされるなど、逆に対応コストが高くつくケースは後を絶たない。

次に、影響に気づくことができていないパターンもある。影響が間接的であったり、知識が不足しているために気づかない場合である。たとえば、多くの温室効果ガスを排出し地球環境に悪影響を与えることがわかっていても、自分たちが直接受ける影響が薄いため、それを見過ごしてしまうリスクがある。また、LGBTQ+やジェンダーに関わる当事者への配慮

## なぜ本来関わるべきステークホルダーを排除してしまうのか

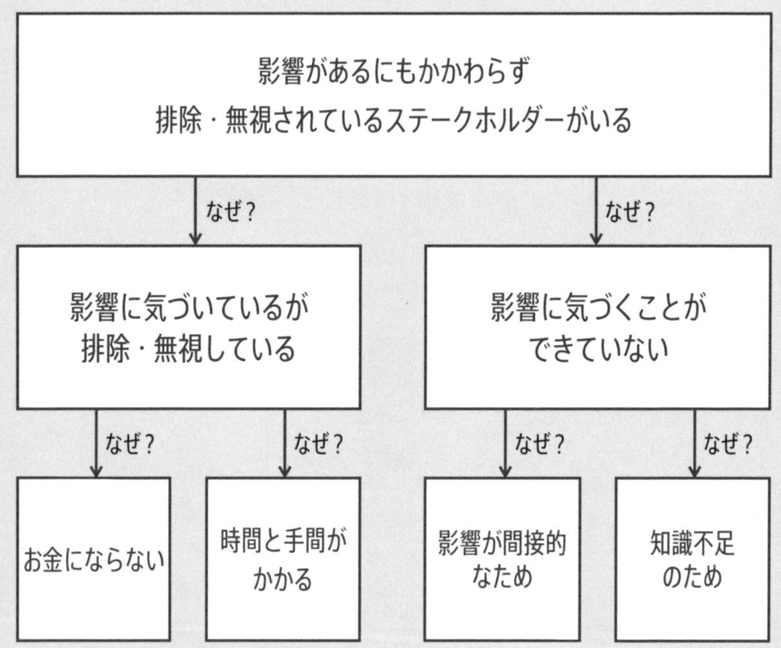


本来関わるべきステークホルダーは、そのプロジェクトや事業が行われることで「影響」を受けるかどうか、によって決まる。しかし問題なのは、影響を受けるにもかかわらず、それを無視してしまうケースがあることだ。

を欠いた表現や、障がいのある人が使いづらいデザインなど、「アンコンシャス・バイアス」と呼ばれる無意識の偏見などによって他者への配慮に欠けることを平然と行ってしまうリスクもある。

### ステークホルダーを排除しないリスクマネジメント

このような、本来考慮されるべきステークホルダーを排除せずに共創していくためには、どうしたらいいのだろうか？

まずは、ステークホルダーをしっかり認知することが必要だ。それはつまり、「影響に気づく」ということだ。その1つのヒントとして、「八方よし」というフレームを紹介しよう。八方よしとは、新井和宏氏が著書『持続可能な資本主義』で紹介しているフレームで、これからの時代は八方すべてのステークホルダーを考慮していく必要があるというものだ。その八方とは以下の8つである。

- 従業員
- 経営者
- 顧客
- 株主
- 取引先・債権者
- 政府
- 社会
- 地域

これはあくまで便宜的に8種類に分けているものなので、厳密にはこれ以外にもあるかもしれないが、こうしたフレームは、見落としてしまいやすいステークホルダーに目を向けるヒントになるかもしれない。

また、上場企業であれば、近年は「マテリアリティ・マップ」というものを自社で作成している場合がある。マテリアリティ・マップとは、自社にとっての"重点テーマ（マテリアリティ）"を配置した地図だ。重点テーマの配置は、横軸と縦軸によって決まる。横軸は自社にとっての重要度、縦軸はステークホルダーにとっての重要度を設定し、そこに各重点テーマを配置していく。つまり、自社にとって重要で、自社を取り巻くステークホルダーにとっても重要なものが、図の最も右上に配置される。

たとえば、味の素グループでは、縦軸に「社会にとっての重要度」、横軸に「事業にとっての重要度」を設定したマテリアリティ・マップを作成している。マップでは、「食の安全・安心」「不足栄養」などが社会と事業の双方にとって重要度が高いテーマとして、また「生物多様性」「水資源」といった地球環境への課題も社会にとって重要度の高いテーマとして挙げられている。こうしたマップを作成して、社会全体の方針と個別の事業やプロジェクトがずれないようにすることも重要な観点だ。

では、なぜ本来関わるべきステークホルダーを排除してはいけないのか?

ユニリーバでは、女性向けの美容商品の広告でデジタル加工された表現によって女性の自己肯定感が下がっていることに注目した。これは見方を変えれば、自己肯定感が下がっている女性をステークホルダーとして認識したということでもある。そうしてユニリーバは、「Dove Self-Esteem Project」を始めた。彼らは自社で顧客にアンケートをとって初めて、自分たちの事業によって、女性の自己肯定感を低下させているという負の影響に気づけた。こうした間接的な影響は通常、顕在化されにくい。そのため、想像力を働かせ、間接的に影響を与えているステークホルダーがいないか常に考えることが求められる。特に、ネガティブな影

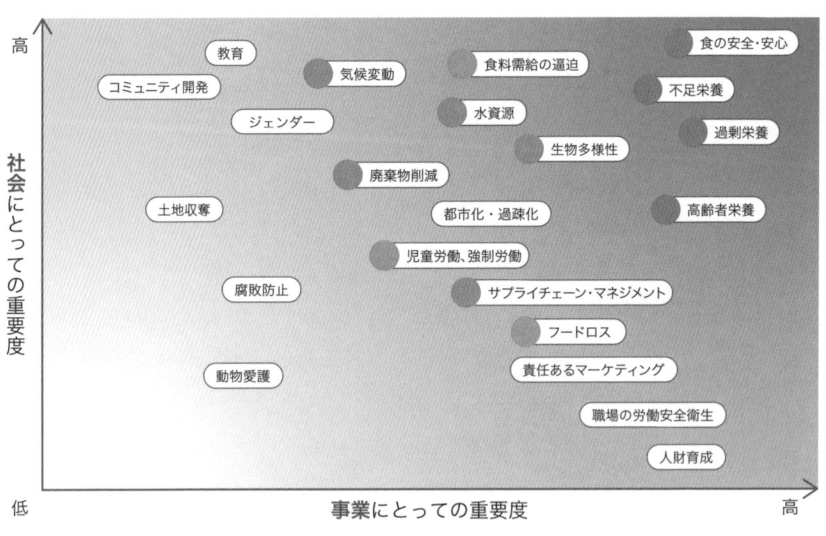


味の素グループのマテリアリティ・マップ(出典:味の素のHP)

響を与えている場合はより慎重な配慮が必要だ。

東京都の「新型コロナウイルス感染症対策サイト」では、オープンソースで開発が進められたことで、誰でも開発に参加でき、改善提案や不具合の報告をすることができた。主な開発メンバーはいるものの、そうしたコントリビューター（貢献者）の力によって不足している視点を補い、ウェブサイトを改善することができた。実際に、台湾のデジタル担当政務委員であるオードリー・タン氏も、国を超えてこのサイトに対して文言修正の改善提案をして、それが受け入れられた経緯がある。こうした経緯もすべて、誰でも見られる状態で行われている。オープンな場で議論されていたからこそ、何か不具合が起きても、運営者が対応する前に「その問題はすでに議論されていて、こういう結論になりました」と自律的に問題が解決されていたこともあったという。不具合が起きたときに、対応が遅れたり、中で何が起こっているかわからないことで、批判の声が強まることがあるが、高い透明性を確保して、意見を柔軟に取り入れられる体制をつくっていたことで、批判を未然に防ぐ効果もあった。

こうした事例からわかることは、負の影響を無視せずに、さまざまな影響を受けるステークホルダーを認知して配慮することで、大きな代償を払ったり、信用を落としたりすることを未然に防ぐことにつながる。つまり、プロジェクトのリスクを下げ、レジリエンス力を高めるということだ。レジリエンスとは、一般的に「復元力」などと訳されるが、難しい状況にもしなやかに適応する力のことを指す。

気候変動の問題、人権侵害の問題、経済格差の問題など、自分たちだけでは解決するのが難しい問題を私たちは抱えている。自分たちのプロジェクトや属する組織がどこかの誰かに負の影響を与えていないか、常に頭の片隅に置きながら、古い価値観をアップデートしていく必要があるだろう。

## 04

# 全員に同じだけの想いと関わりを求めていませんか？

### 想いと関わり方のマッチングが主体性を高める

共創プロジェクトの進め方について「1人1人が主体的に動いてほしいが、どうしたらいいのかわからない」という課題をよく耳にする。

プロジェクトに参加する人たちが主体的に動けるようにするためには何が必要なのか？

それは、共通目的に対する自分の役割を明確にすることである。役割が明確であれば、そこから何をすべきか自ら主体的に考えられるようになる。反対に、人は言われたタスクをこなしているだけだと受け身になってしまう。だから、パーパスモデルにも「役割」という項目をあえて書くようにしている。完全な分業体制だから役割が決まっているのではなく、どう進むかわからないという試行錯誤のプロジェクトにおいてこそ役割を認識することが重要である。

では、どう役割を設定すべきか。どのくらい関われるか、どんなことができるか、という想いと関わり方にマッチする役割が設けられていることが主体性を引き出すカギである。

役割を設けてプロジェクトに貢献する機会をつくり、関わる。さらに好奇心に基づく無理のない範囲での貢献を行い、愛着を持つ。そうすることで、当事者意識が生まれ、主体性が高まる。結果的にそれがプロジェクトにとって長期的な価値になる。

プロジェクトに貢献できる役割は、どんなことをしてほしいという役割を先に明示して、関心があるステークホルダーを募集することもあれば、すでに参加しているステークホルダーの特技や関心を活かした役割を設ける場合もある。

もし、ステークホルダーの想いと関わり方がずれていると、もっと関わりたいのに十分に関われないと不満に思ったり、できること以上に求められて疲れてしまうといったことが起きてしまう。だからこそ、その組織や人がどれくらいなら関われるか、どんなことができるかを知り、役割を仮に定義してみるのがおすすめだ。というのも、案外プロジェクトの全体像が見えていないと、役割は自分で定義できないものだったりする。試しに任せてみたら、うまくはまらないこともあるので、その都度役割を調整していく必要がある。

ついつい同じ目的に向かうなら、全員に同じだけの想いと関わり方を求めてしまうことが多いが、共創プロジェクトのように多くのステークホルダーを巻き込む場合、全員に同じ期待をしないというのが大事である。使命感をもってその活動だけに注力する人がいることは、プロジェクトを推進する力としてとても重要である一方で、全員が推進者と同じだけの想いと関わり方をしなくてもよいのである。

さらに言えば、共創をより加速させていくためには、想いがある人が無理なく関われる、ゆるやかな関わり方を設けることが重要である。ゆるやかな関わり方ができることで、多くの人の視点を取り入れることができたり、複数の資金源を持ってリスクを減らすことができたりする。

次に、関わり方の段階とそれぞれの役割について紹介したい。

### 関わり方のグラデーションをつくる

まずは関わり方の段階について、ここでは以下の5段階に分類した。この段階は境界がはっきり分かれているものではなく、フェーズに応じて変化していくものでもある。

1. 活動を観察する
2. 活動にリアクションする
3. 活動をサポートする
4. 活動を実行する
5. 活動を推進する

## 関わり方のグラデーションをつくる

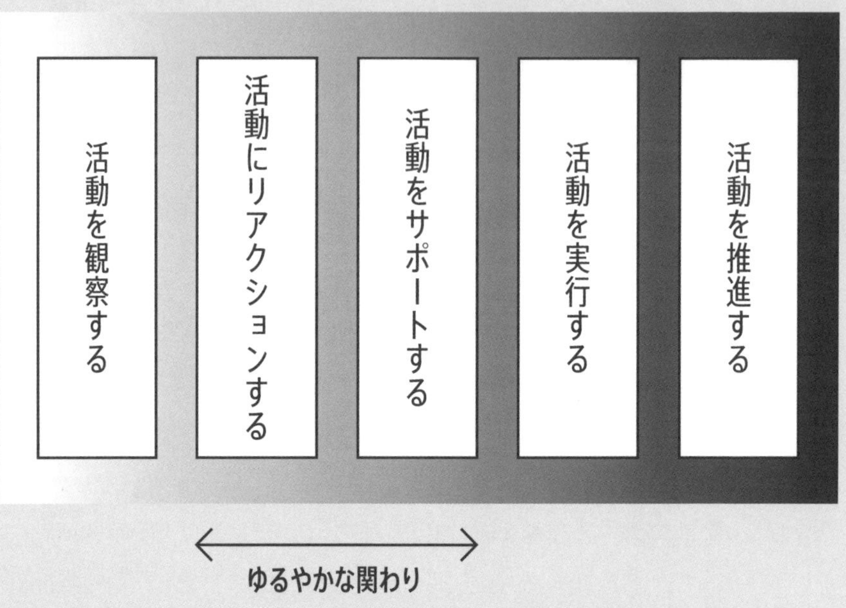


プロジェクトに関わるステークホルダーすべてに同じだけの想いや関わりを求めるのではなく、ゆるやかな関わりを段階的につくることでさまざまな参加の仕方ができる。

「ゆるやかな関わり」とは、この2、3段階あたりの関わり方である。活動の一部を自ら進めていくほどではないが、何もしない傍観者でもない。自らの声を届けたり、何らかの労力を担って活動に参加する2、3段階くらいの関わり方の人をここでは「コントリビューター（貢献者）」と呼んでみる。こういうゆるやかな関わり方でも十分だ。

では、このコントリビューターが関わる（想いがある人が少し関わる）ことができると、プロジェクトにどんな影響をもたらすか、その事例を見てみよう。

「BONUS TRACK」では、通常管理会社が請け負う植栽の管理を市民ボランティアチーム「シモキタ園藝部」が自分たちの活動として行っている。もともとは世田谷区で活動していた園芸好きのボランティア団体で、自分たちのまちを多様な草木を植えて緑豊かな場所にしたいという想いを持っていた。運営企業としては、植栽の種類や量を増やすと負担になることが課題だったが、管理を市民ボランティアチームが行うことにより、これが実現したのである。住民にとっては緑豊かなまちで暮らしやすくなり、企業にとっては運営のコストダウンになり、その場所の魅力と住民の愛着が向上するという良い関係が築けている。

Waagのプロジェクト「Dutch Skies」では、アムステルダムの北部で大気汚染による健康被害の実態を明らかにするため、研究機関と行政とWaagが、その地域の住民に呼びかけ、簡易センサーで自宅周辺の大気汚染度合いを測った。市民1人1人に専門性はなくても、100カ所の調査データは国の観測ポイントでは取れない詳細なデータであり、そのことだけでも短期的な価値がある。また、市民が自分たちで大気の汚染度合いを測ったことで、身の回りの空気がどれだけ汚れているのかを知り、原因企業にデータをもとに行動を求めたり、それを改善していく政策づくりのワークショップに参加するなど、主体的な姿勢に変わったことは、長期的な価値である。

どちらのプロジェクトも、その過程で、コントリビューターに役割を見出して、貢献の機会とその価値を実感する機会をつくっている。前者は役割をプロジェクトにフィットさせた事例、後者は役割を先に提示した事例である。そして、参加者自身が関わった結果を実感できる方法を採用しているのも特徴である。ワークショップを開催して市民から感想をもらって終わりだと、市民はやったことが反映されたという実感を感じられない。ゆるやかな関わり方でも、ステークホルダーの間に相互の信頼関係がつくれていることが、プロジェクトを継続する上で大切である。

東京都の「新型コロナウイルス感染症対策サイト」の推進者であるコード・フォー・ジャパンにも、エンジニアと非エンジニアのコントリビューターがいる。エンジニアはソースコードを直接編集・意見し、非エンジニアでも足りない視点を補うことができる。

また、「High Line」の事例では、月4ドルから気軽にコミュニティメンバーになれたり、HPから申請してツアーガイドや園芸員として関わることもできる。また、メンバーシップをギフトとしてプレゼントできたり、毎週火曜日には“ドロップイン”でボランティアに参加できるなどの仕掛けも工夫されており、多数の関わり方の選択肢が用意されている。

このようにゆるやかな関わり方は、プロジェクトに短期的な価値や長期的な価値をもたらす。

一方で、ステークホルダーが多い場合、「共創に求められる“とりあえずやってみる”という柔軟でアジャイルな進め方と、現実的に求められるスケジュールや成果などをどう両立させればよいか」という問題にぶつかる人も多いのではないか。

うまくコントリビューターを巻き込んでいるプロジェクトの主体者は、仮にコントリビューターが機能しなかったとしても、自分たちだけで最低限プロジェクトが成り立つようにする。しかし、彼らがいなければ、自分たちに不足している視点を補ったり、人数を必要とすることができなくなる。より大きな変革に挑戦する際には、コントリビューターは不可欠な存在と言える。

以上のことから、共通目的に対する自分の役割を明確にすること、その役割は想いと関わり方とフィットしていること、その役割は全体像が見えている人から提案してみること、コントリビューターを迎え入れるときは巻き取れる範囲で余白をつくること、そして、人の関わり方にはグラデーションがあることを認識して、不安がらずにゆるやかに関わってくれる人を歓迎してほしい。そうすることで、これまでできなかった共創ならではのチャレンジができるはずである。

## 05

## 巻き込む相手にインセンティブをつくることができていますか?

### 共創プロジェクトのさまざまなインセンティブとは

前の項で述べたように、共創プロジェクトでは役割を明確にすることがステークホルダーの主体性を高めるのに重要である一方で、役割をそれぞれが自ら見出していくことは難しいため、積極的に役割を提案していくことが必要である。

この項で紹介するのは、こうした内発的な動機に弾みをつけるための外発的な動機、つまり、インセンティブについてである。

スティーヴン・レヴィットらの著書『0ベース思考』にも「ある特定の状況に関わる全当事者のインセンティブを理解することが、問題解決の基本だ」という一節がある。

インセンティブとは人の意欲を引き出すことを目的として外部から与えられる刺激のことで、自分がそれをやるとどんなことが得られるのか、しないと損をしたり道徳的にどうなのか、という心理に働きかけ、動機づけるものである。

通常のプロジェクトは金銭報酬が中心になってくるが、共創プロジェクトは通常のプロジェクトよりステークホルダーの幅が広く、短期的に明確な成果が出にくい場合も多い。だから、金銭的な有形の報酬のやりとりだけでなく、このプロジェクトを通して、どんなことが達成できるか、どんなつながりが得られるかなど、金銭だけでない報酬、つまり無形の報酬のやりとりが長期的・自律的な活動のために重要になってくる。

### 報酬のパイを増やす4つの無形報酬

共創プロジェクトにおいては、無形の報酬を効果的に使うことでより多くのステークホルダーを巻き込むことができる。報酬の分け方はさまざまあるが、今回は無形の報酬を「関係報酬」「名誉報酬」「情報報酬」「権利報酬」の4つに分けて整理している。

1. **関係報酬**：プロジェクトに関わることで、普段の生活や業務の中では得られないつながりやこれまでと異なる協力・信頼関係を得ることができる。

→ 事例：High Lineや瀬戸内国際芸術祭のコミュニティメンバーやボランティアサポーター

**2. 名誉報酬**：プロジェクトに関わることで、その人や組織・地域にとって、自信になったり、ブランディングになる。

→ 事例：東京都新型コロナウイルス感染症対策サイトのコントリビューター

**3. 情報報酬**：プロジェクトに関わることで、何らかの学びを得たり、ある情報を深く掘り下げることができたり、これまで得られなかった知見やデータを得ることができる。

→ 事例：Waagが行うDutch Skiesの実験に参加した市民

**4. 権利報酬**：通常はルールや慣習により実現できないことを、自分もしくは自組織の手で行う権利を得られる。

→ 事例：BONUS TRACKの植栽を管理するシモキタ園藝部

このような無形の報酬を意識して、個々のインセンティブを一緒に探したり提案することができると、巻き込みたい相手に関わるきっかけや理由を与えられたり、組織内部で理解を得られやすくなるかもしれない。

もちろん、これまでのように有形の報酬のやりとりだけの関係で進める方が楽で早い。一方、共創プロジェクトでより大きな変化を起こそうとすれば、ステークホルダーも増え、長期に及ぶこともあるため、かけるコストに対して、それぞれのステークホルダーが受け取れる直接的な有形報酬が少なくなるかもしれない。周囲から「うちがやる規模じゃない」と言われるかもしれない。

しかし、この本を読んでくれているあなたは、「何のためにそのプロジェクトに取り組むか？」という活動そのものの意義を大事にして、社会により良い変化をつくろうとしている方だと思う。共創プロジェクトを実現するためには、直接的な有形の報酬だけでなく、無形の報酬も含めて考えていくことで、報酬のパイを増やし、さまざまなステークホルダーが納得感をもって協働できるようにプロジェクトを設計していくことが重要である。

## インセンティブ（報酬）にはさまざまな種類がある

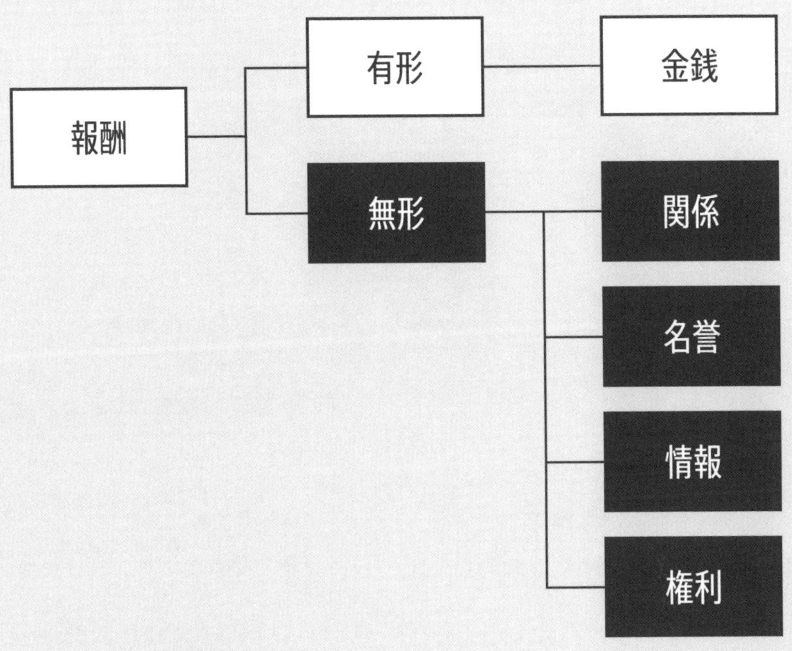


### 無形報酬が重要

巻き込む相手には、適切なインセンティブをつくることが必要だ。これまでは有形の「金銭報酬」だけがインセンティブになりがちだったが、共創プロジェクトは関わるステークホルダーが多い分、無形の報酬を組みこんださまざまな形の報酬の設計が求められる。

# 3-3

# 活動をどう広げていくか？

最後に、共創の活動をどう広げていくかという観点から見ていこう。

ここでは、一歩ずつ、でもダイナミックに、新しいしくみや試みを社会に実装していくための4つのポイントについて紹介する。

1. いきなり大きなことをやろうとしていませんか？
2. 大きな文脈につなげて考えられていますか？
3. 短期的に利益が出る事業“だけ”しようとしていませんか？
4. 活動を継続するための最低限のお金としくみはありますか？

## 01

## いきなり大きなことをやろうとしていませんか？

### 最初から理想的なエコシステムは構築できない

共創プロジェクトが失敗しやすいパターンがいくつかある。以下はよくある3つのケースである。

1. 初めから多くのステークホルダーを集めたにもかかわらず、誰も新しいことに取り組もうというモチベーションがなく、プロジェクトを先導する船頭がおらず停滞するパターン
2. 主体的な人がいても、プロジェクトの目的が明確でなく、方向が定まらないパターン
3. せっかく小さな価値づくりを丁寧に進めていても、短期的な事業化を求められて潰れてしまうパターン

これらは理想的な共創状態、つまり、ステークホルダーが多様で、それぞれが主体的であり、事業的にも成り立つという、いわゆる「エコシステム」の構築を最初から目指すことで起きやすい。最初に理想的な状態を描くのは大事だが、それと同時に、いきなりその状態にならないということも共有しておくことが重要である。

共創プロジェクトは中長期的な視点が不可欠であり、試行錯誤しながら進めていくため、最初からすべてを計画しきることは難しく、すぐに成熟するものではない。従来の計画主義的な方法でいきなり大きく始めてしまうと失敗することが多い。

パーパスモデルを活用してくれているある企業の経営者が、このモデルを船にたとえてくれたことがある。モデルの下半分の「主体的な共創パートナー」を船と捉え、仲間が増えると船は大きくなり、上半分の「共創に関与するステークホルダー」はその船に乗せられる相手と捉える。

「プロジェクトの始まりはまだ“いかだ”なのだから、この課題もこの人もと、あれこれ求めるとせっかくの船が沈んでしまう。だから、まずは自分たちが支えられる相手を船に乗せよう」と、“今できることと未来に目指すこと”について、パーパスモデルを使って社員と対話してくれたそうだ。

ありたい姿を描きつつも、最初からあれもこれもやろうとしてはいけないということを、船にたとえることでぐっとイメージしやすくなったのではないか。まずは船の目指す先である「共通目的」は大きく考え、最初は小規模で主体的な仲間を集め、それぞれが関わる意義をお互いにつくりながら、だんだんと人を巻き込んでいくことが、地味なことだがとても重要なステップである。

また同時に、多くの組織が共創プロジェクトの進め方についてまだ明確にイメージができていなかったり、プロジェクトの評価の仕方がアップデートされていないことも課題である。さらに、地道なステップを踏みながら進めようとしていても、その中長期的な価値を共有することができず、思うように動けなかったり、つい数字的な成果を求められて頭を悩ませている人も多いのではないか。

**パーパスモデルを船に見立てて考える**

船（=主体的な共創パートナー）が大きくなると、乗せられる人（=共創に関与するステークホルダー）を増やすことができる。つまり、活動が大きく、社会へのインパクトが大きくなる

だからこそ、そもそも従来のプロジェクトの進め方と異なるのだということを、共創パートナー同士が共有しておくことが重要である。

### プロジェクトを4つのフェーズで考える

ここで、未来を描くことの重要性についてお話ししたい。共創プロジェクトのような試行錯誤をしていく活動の中で、先が見えないと苦しいし、変化を恐れてしまう。そんなときに、なんとなくこんなステップがありそうだとイメージすることができたら、前に進める。

たとえば、アムステルダムでソーシャルイノベーションに取り組む組織Waag（100頁参照）で使用しているリサーチ&イノベーションステップ*1を紹介したい。Waagでは、プロジェクトを「探求」「実験」「実装」の3つのフェーズに位置づけ、各段階を試行錯誤しながら繰り返すプロセスを重視している。

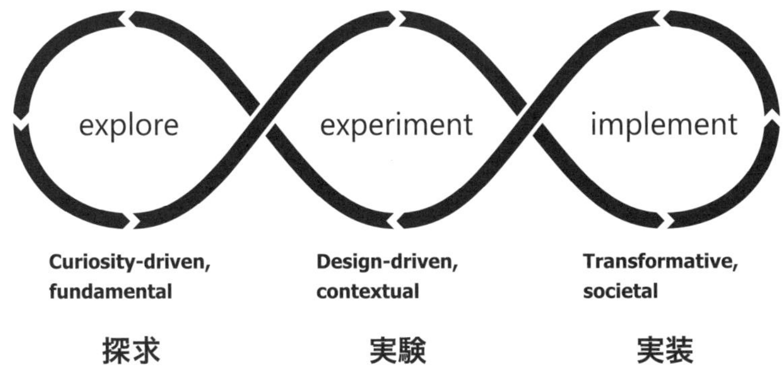


Waagの採用しているリサーチ&イノベーションステップ（出典：Waag）

新しくプロジェクトが始まる初期フェーズも重要なため、本書では、この3つのリサーチ&イノベーションステップに加えて、以下の4つのフェーズで活動を捉えることを提案する。そうすると、自分たちが置かれている状況を読み取りやすくなるはずだ。

1. 初期
2. 探求期
3. 実験期
4. 実装期

この考え方で重要なのは、初期から実装期をいきなり目指すのではなく、探求期と実験期というステップを重視し、4つのフェーズを意識してプロジェクトを進めることである。

### パーパスモデルを時系列でつくってみる

プロジェクトのフェーズを確認しステークホルダー間で共有するために、パーパスモデルを時系列でつくってみてはどうだろうか。パーパスモデルはある1時点を切り取ったスナップショットなので、「初期・転機・現在・未

## パーパスモデルを時系列でつくる

**自分たちの今の立ち位置や
未来に目指すもの、
起こしてきた変化（成果）を
確認・共有できるようにする。**

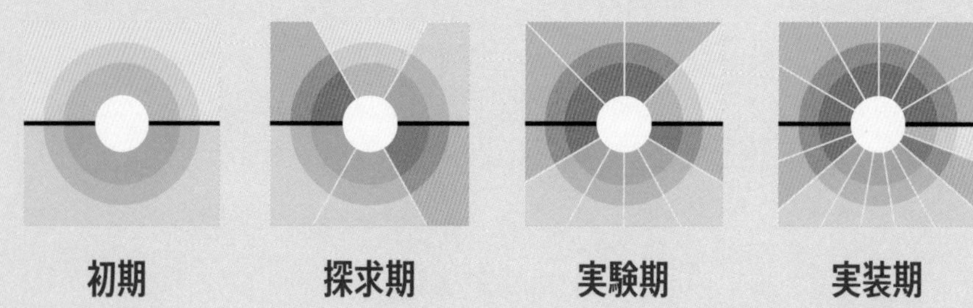


来」という4つの時点のモデルを書くことで、自分たちの現状や未来に目指すもの、起こしてきた変化（成果）を確認することができる。

パーパスモデルを時系列で書いてみるときに、以下の3点に着目してもらいたい。

**1. ステークホルダーの数について**
最初からたくさんのステークホルダーを巻きこめるわけではなく、プロジェクトが成熟する過程で増えていく。
**2. ステークホルダーの属性の多様性（色分け）について**

## 時系列で見る BONUS TRACK

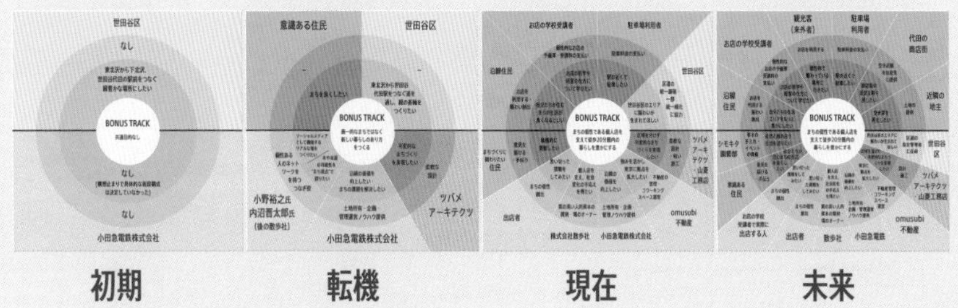


最初は市民や企業が中心になって始めたプロジェクトでも、成熟していくにつれ、他の属性を巻き込んでいく。

**3.「共創に関与するステークホルダー」と「主体的な共創パートナー」（図の上下の配置）について**

「共創に関与するステークホルダー」が役割を持ってプロジェクトに主体的に関わるようになり、「主体的な共創パートナー」に移動することもある。

### 1）BONUS TRACKの時系列のパーパスモデル

まずは「BONUS TRUCK（ボーナストラック）」のパーパスモデルを時系列に描いて見てみよう。

#### ①初期のボーナストラック

初期の計画段階で、このプロジェクトに関わっているのは小田急電鉄と世田谷区のみである。まだプロジェクトの目的や場のイメージもない段階を表したのが初期のモデルである。

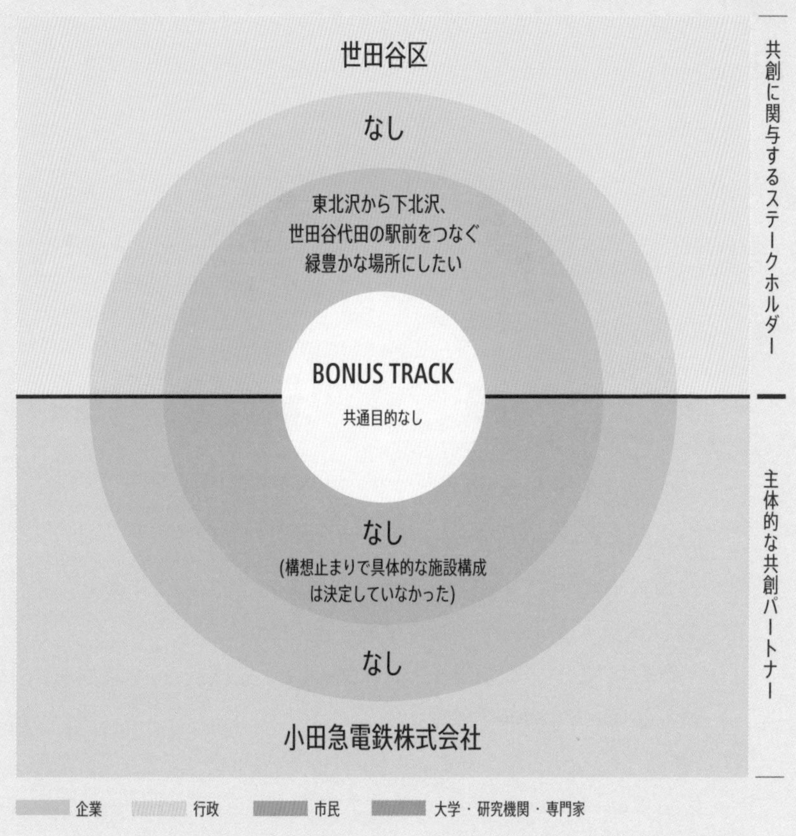


この段階では、世田谷区は東北沢駅から下北沢駅、世田谷代田駅をつなぐ1本の道を通すことを目的としており、一方の小田急電鉄は構想止まりで具体的な施設構成は決定していなかったため、そこに共通の目的や意義は醸成されていなかった。

### ②転機のボーナストラック

ボーナストラックで重要なのは、転機とも言える「探求」期である。この時期の状況を描いたのが転機のモデルである。

小田急電鉄は短期的な利益を考えれば、この場所を駐車場にしてしま

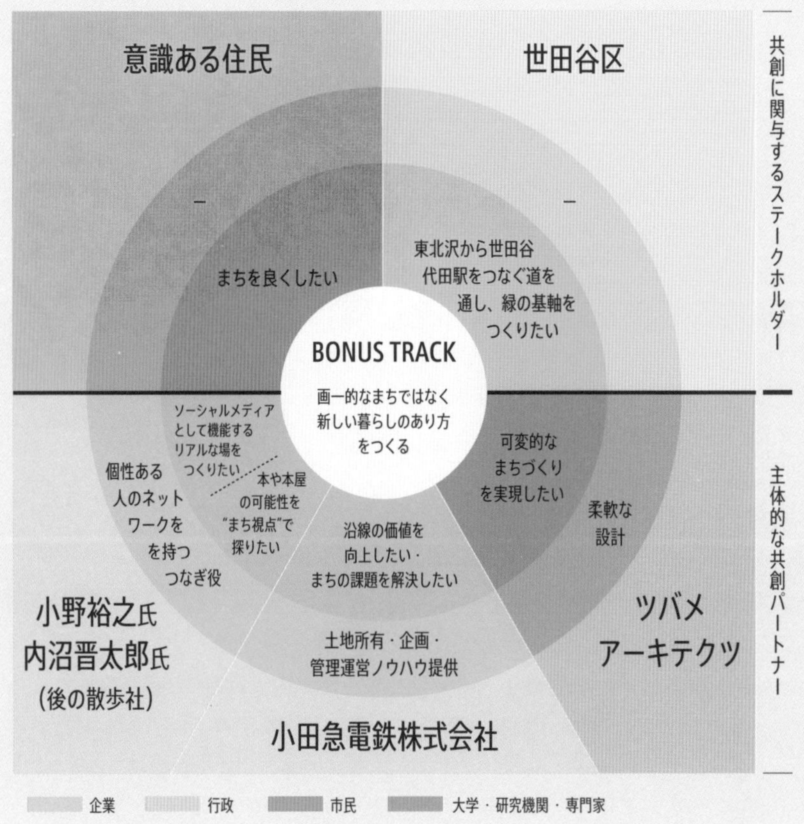


うこともできた。しかし、「開発により駅前にはチェーン店が増え、高齢化や空き家の問題も抱えているこのまちを、長期的に良くしていくには、“下北沢の個性を取り戻す”新しい再開発のあり方が必要ではないか？」という課題意識から、広い視野と長期的な思考でこの場所がどうあるべきかについて試行錯誤していた時期である。

小田急電鉄の担当者の橋本崇氏は、その課題意識に共感した異なる専門性を持つパートナーとの出会いを経て議論を重ね、地図を塗り潰すように周辺地域を歩いて、どんな場をつくるべきかを模索していった。同時に、小田急の担当者は再開発に反対する住民との対話も行ってい

③現在のボーナストラック

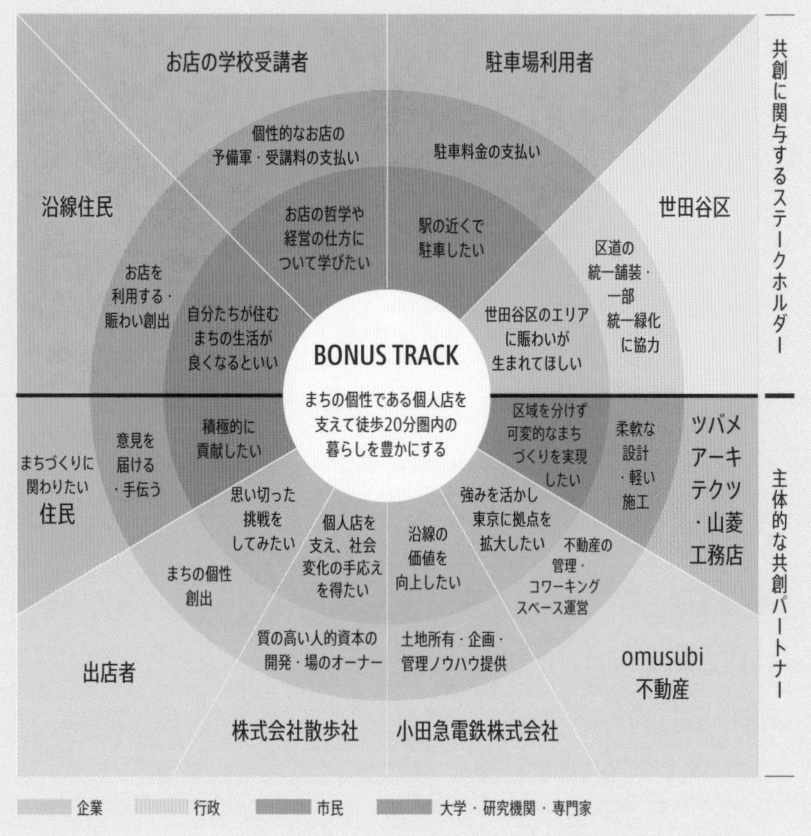


た。このまちに強い想いがあるからこそ反対するのだとポジティブに捉え、彼らの痛みを一度引き受け、自分たちができることやこの場ができることの価値を、反対している住民の目線で対話し信頼関係を築いていった。

### ③現在のボーナストラック

3番目は、ボーナストラックのオープンから1年ほどの現在＝「実験」期の状況を描いた現在のモデルである。1つ前の「転機」の段階では「個人」で参加していた小野裕之氏・内沼晋太郎氏がこの場を運営するた

④未来のボーナストラック

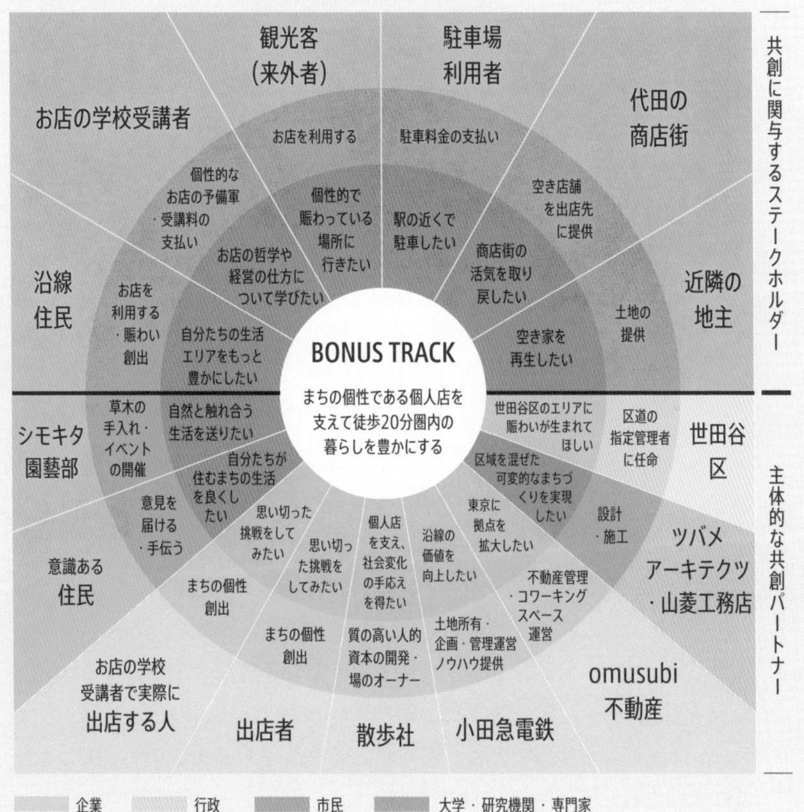


めの会社「散歩社」を設立している。

2020年4月、コロナ禍でのオープンとなり、小田急の橋本氏曰く、開業できるテナントは6〜7割の状態だったという。しかしながら、そういった苦しい状況であったことで、一緒になって場をつくってくれる住民たちが現われ、彼らとの関係が早い段階で深められたという良い面もあった。パーパスモデル上段の「共創に関与するステークホルダー」側に示した「沿線住民」の一部が、「まちづくりに関わりたい住民」としてモデル下段の「主体的な共創パートナー」側に滲み出していることがわかる。

また、当時、敷地の一部を駐車場にしながら企業としての短期的な収益を担保するビジネスモデルを組んでいたが、場所の賃料だけの収益に依存しないように、「お店の学校」という個性的な店舗を営みたい事業者向けのオンライン講座を企画し、そこでも収益を生みだしながら、未来の出店者を育てるという取り組みも行われている。このように、状況に応じて複数の収益モデルをつくるなど、実験期は形にした仮説をどんどんアップデートしていく期間でもある。

### ④未来のボーナストラック

最後は、少し先のこうなりたい未来の姿＝「実装」期だ。実際に変化が起き始めている兆候と、一部実現し始めていることを表したのが未来のモデルである。

変化のポイントは3つ。

通常「場の利用者」である住民はモデル上段の「共創に関与するステークホルダー」に属することが多いが、ボーナストラックでは、植栽の管理を行うボランティアパートナーの「シモキタ園藝部」やごみを拾ったり意見を届ける「意識ある住民」はモデル下段の「主体的な共創パートナー」に属しており、運営者と利用者という関係を超えている。関わり育てる余白を残して、住民に役割を担ってもらうしくみづくりがとてもうまい。

次に、ボーナストラックの活動を見て、実験期には「沿線住民」に属していた地主さんから空き家の活用を相談されたり、隣駅の商店街の空き店舗活用の依頼がきたりと、元のステークホルダーの一部が新たな目的と役割を持つことで、ステークホルダーの数や種類が増えていることがわかる。

3つ目のポイントとして、これまで区道とボーナストラックの敷地の舗装の統一に協力はするものの積極的には参画していなかった世田谷区が主体的に関わるようになり、「共創に関与するステークホルダー」から「主体的な共創パートナー」に変化し始めていることだ。

＊

## 時系列で見る High Line

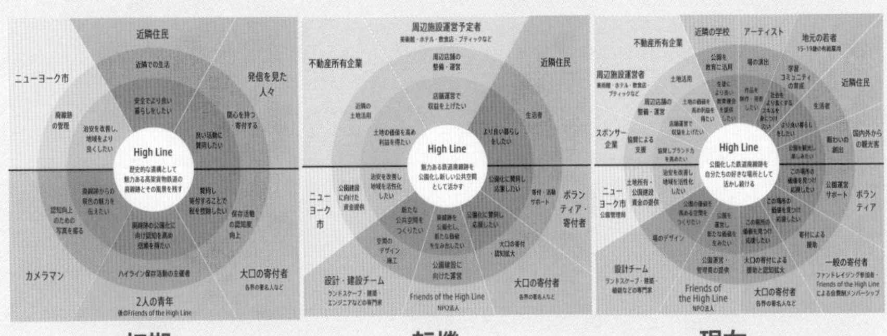


初期　　転機　　現在

4つのフェーズの変化をそれぞれパーパスモデルで見ていくことで、このプロジェクトが従来のトップダウン型開発ではなく、想いを共有するさまざまなステークホルダーと共にボトムアップ型で取り組まれてきたことがわかる。そして、その共創的なプロセスが、人で賑わう居心地の良い空間を生みだせた大きな要因であり、周辺住民との関係を深めたり、新たなステークホルダーを増やすことにもつながっている。

プロジェクトのスタート時に満点を目指すのではなく、多様な組織や人が関わりながら育てていくプロセスこそが、これからの時代に事業を持続させ成長させる上で重要だと感じられる事例である。

### 2) High Lineの時系列のパーパスモデル

同様に、「High Line（ハイライン）」の事例でも時系列にパーパスモデルを描いたので紹介したい。

#### ①初期（〜2000年頃）のハイライン

①初期（〜2000年頃）のハイライン

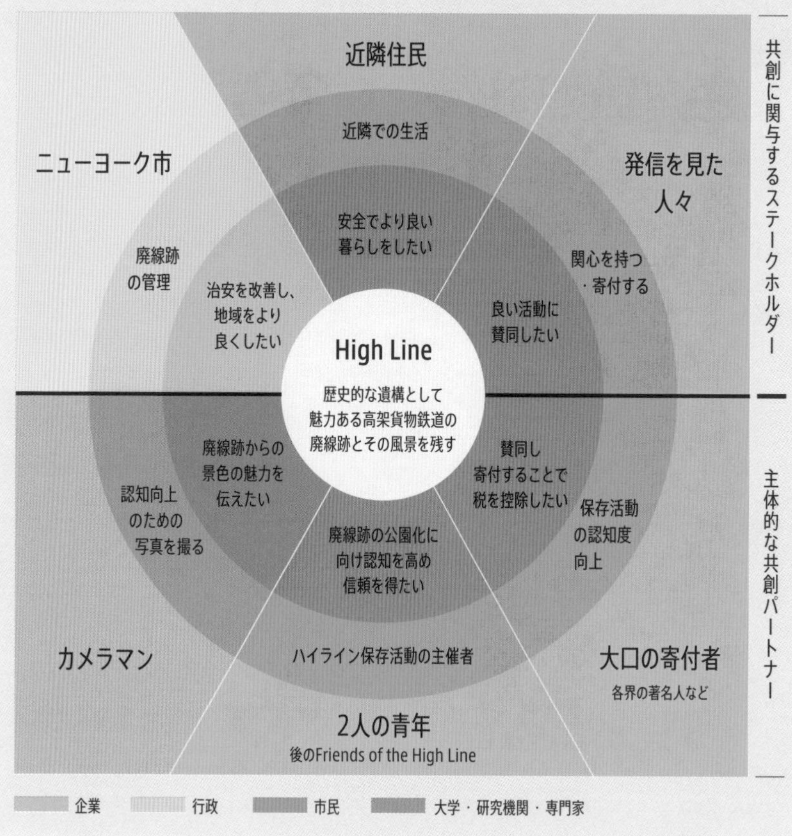


ニューヨークの高架鉄道ハイラインは1980年に廃線になった後荒れ果て、地元住民からも良く思われていなかった。不動産開発もできないため、市は2004年に撤去することを決定していた。1999 年、近隣住民2人が保存活動団体「Friends of the High Line」を設立。2人は、廃線跡の保存のために地道な寄付金集めなどあらゆる活動を行った。

なかでも、①写真集やパンフレットの作成（ハイラインがどんな場所か、保存価値を知ってもらう）、②著名人から得られた支持（ハイラインのあった地区は工場跡などにアートギャラリーが点在し、注目されていた）は、初期の活動においてハイラインのことを多くの人に広める大きな支えとなった。

②転機（2003〜2009年頃）のハイライン

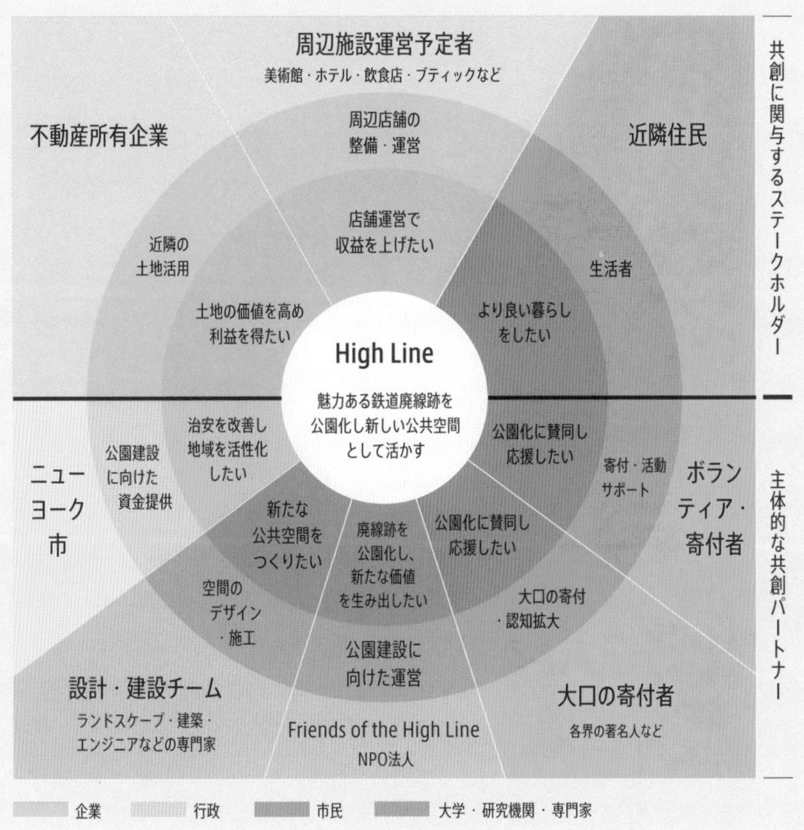


②転機（2003〜2009年頃）のハイライン

保存活動に関わってくれるさまざまな人たちの視点に触れるなかで、2人が掲げる活動目的も変化していった。当初の目的は「歴史的遺構の保存」だったのが、「公園化による新たな公共空間の創出」に変わっていく。

2003年、新しい市長がハイラインの撤去を取りやめ、Friends of the High Lineと協力して公園化に踏み出した。行政がパーパスモデル上段の「共創に関与するステークホルダー」から下段「主体的な共創パー

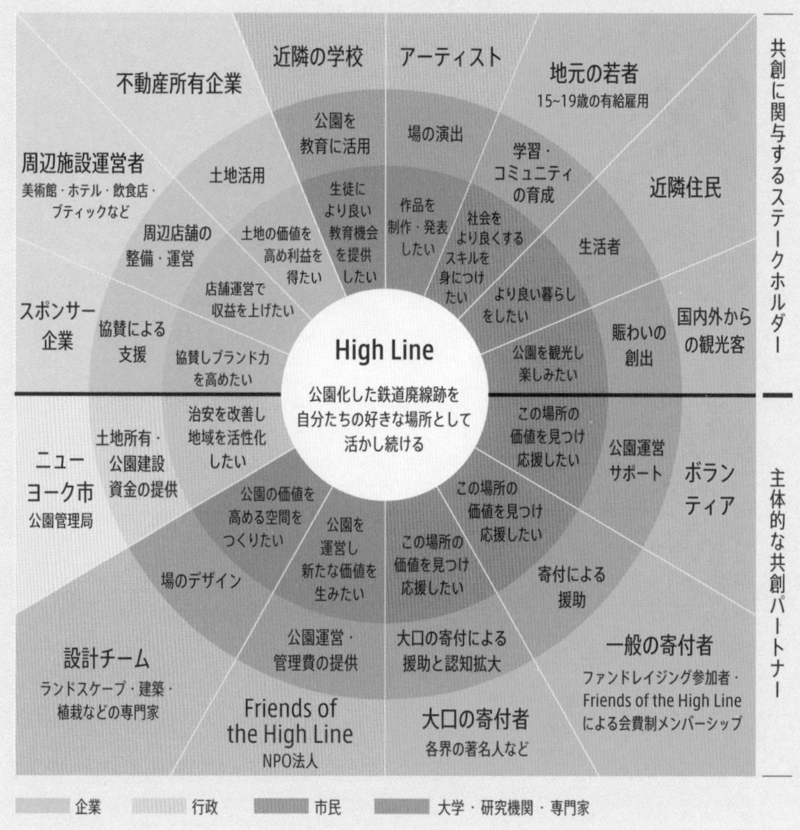


トナー」に移動したとも捉えられる。そして、ハイラインを公園化する専門家チームを選定するデザインコンペが行われるなど、プロジェクトは現実のものとなっていった。

### ③現在（2009年〜）のハイライン

2009年、ハイラインは無料で入場できる公園としてオープンし、今ではニューヨーク屈指の観光名所となっている。驚きなのは、パーパスモデルからもわかるように、「関わる市民の多様さ」だ。寄付・ボランティア・学校教育のほかにも、地元の若者・住民・来訪者が参加できるプログラムが充実しており、場を通じたさまざまな形の「コミュニティ」を継続してつくりだしている。

また、ハイラインの土地は市が所有しているが、運営には市は費用を含めてほとんど関与しておらず、Friends of the High Lineを中心に完全に自立して行われている。ハイラインは、この場を好きだと思う世界中の人々と共に成長していく“生きたコミュニティ”となっている。

＊

このように、パーパスモデルを時系列で書くことで、共創プロジェクトの成果を求められた際、「ステークホルダーが増えていること」「目的が大きくなっていること」「これまで関与するだけだった人の役割が主体的に変わったこと」などの変化（成果）を可視化して伝えることができる。

また、もしあなたのチームやパートナーが目の前の取り組みが中長期的にどんな価値につながっていくかイメージできずに戸惑っているとき、今の姿だけでなく、未来の姿を具体的に描くことで、自分たちの取り組みの意義を再確認することができるだろう。

共創プロジェクトは短期的な成果が見えづらく、価値を共有しづらい取り組みだからこそ、その過程を含めてプロジェクトを可視化してコミュニケーションをとることが重要である。

## 02

## 大きな文脈につなげて考えられていますか？

### 私たちごとにできる大きな文脈とは？

前述した「共通目的をどう考えるか？」のパートでは、独りよがりでなく、みんなとその意義を共有できるプロジェクトのパーパスをつくることについて紹介した。また、新しい価値は遠く離れた知の組み合わせから起きるので、これまで関わってこなかった人とも一緒に取り組みを進めていくことが重要だということもお話しした。

共創プロジェクトを進めていく上で、その主軸が自社の技術をどう活用するかになっていたり、目の前の地域や顧客の課題を解決することだけにとどまっていたりすると、活動の広がりが満足に得られないことがある。

そこで考えるべき重要なポイントは、「大きな文脈につなげることができているかどうか？」だ。ここでいう大きな文脈とは、企業の長期的な経営戦略や政治・行政の政策、社会情勢や世論の価値観の変化などが挙げられる。

- 企業の長期的な戦略に紐づけられているか？
- 将来打たれうる政策に合致しているか？
- 次世代の価値観の変化に対応しているか？

こうした自分たちの活動を後押ししてくれるような文脈に意図的に接続できているかが、活動を大きくし、フェーズを前に進める上で重要である。

共創プロジェクトは、こうした文脈を束ねていくことで、さまざまな人を巻き込め、1組織で取り組むよりも、より大きなインパクトをもたらすことができる。大きな文脈に束ねるということは、その時点で掲げている共通目的に新たな主体を巻き込み、「この取り組みはこんな意義もある」と物語ることができる状態でもある。

さまざまな立場から「なぜこれに取り組むのか」という意義＝共通目的を物語ることができて初めて、そのプロジェクトを「私たちごと」にできる。このように「自分ごと」にできるストーリーをステークホルダーそれぞれが持つことで、共創の仲間を増やし、より大きな変化をつくることにつなげていける。

さらに、大きな文脈に接続しながらストーリーを組み立て、なぜこのプロジェクトを行う必要があるのかを明確にすることは、過度に短期的な利益を求めるプレッシャーから身を守ることにもつながり、中長期的な価値創造と短期的な利益追求を両立する上でも欠かせない。

## 文脈を束ね、ストーリーをつくる

とはいえ、巻き込みたい相手に対して、戦略的にストーリーを仕立てる場合もあれば、アイデアや活動を発信するなかで、思いもよらない文脈と紐づくこともある。そのため、ここでは文脈が束ねられ、ストーリーがつくられた事例を2つを紹介する。

たとえば、「High Line」の事例では、2人の青年がこの廃線跡には価値があるから保存しようと決意し「私たちごと」化した。ハイラインの魅力を写真家が撮影した魅力的な写真を通して発信し、周辺住民を訪ねて説明して回ることで、この場所を残すことに賛同し、寄付する人を増やし、世論を形成していった。数々の取り組みによる世論の盛り上がりを受けて、廃線跡を公園にすることを公約として掲げる政治家が選挙に勝ち、公園化が実現されたのである。

「宗像国際環境会議」の事例では、大漁や豊作を祈る漁師や農家との関係が深い宗像大社の宮司が地元の漁師たちから海の危機的な状況を聞いていたことをきっかけに、宗像大社の宮司を中心に環境保全に取り組む委員会が組織された。3年後に「神宿る島」宗像・沖ノ島と関連遺産群が世界遺産に登録され、国内外から注目が集まるというタイミングが相まって、地域が一丸となって活動を進めていき、その後も世界遺産は環境問題の危機にさらされているとし、世界危機遺産と捉え、世界中でネットワークを構築していく構想が進行している。

このように、プロジェクトが構想段階から実験期や実装期に移行する際には、世の中の大きな流れをつかみ、政策や組織戦略などの外部の文脈に紐づけ、後押しとなるストーリーをつくることが重要だ。企業の経営戦略を読み込むことや、研究者・政策立案者とフラットに議論する機会を持ち、賛同者と一緒に世論をつくり、一段大きな文脈と紐づけることは、きっとあなたの活動を推進する力になるだろう。

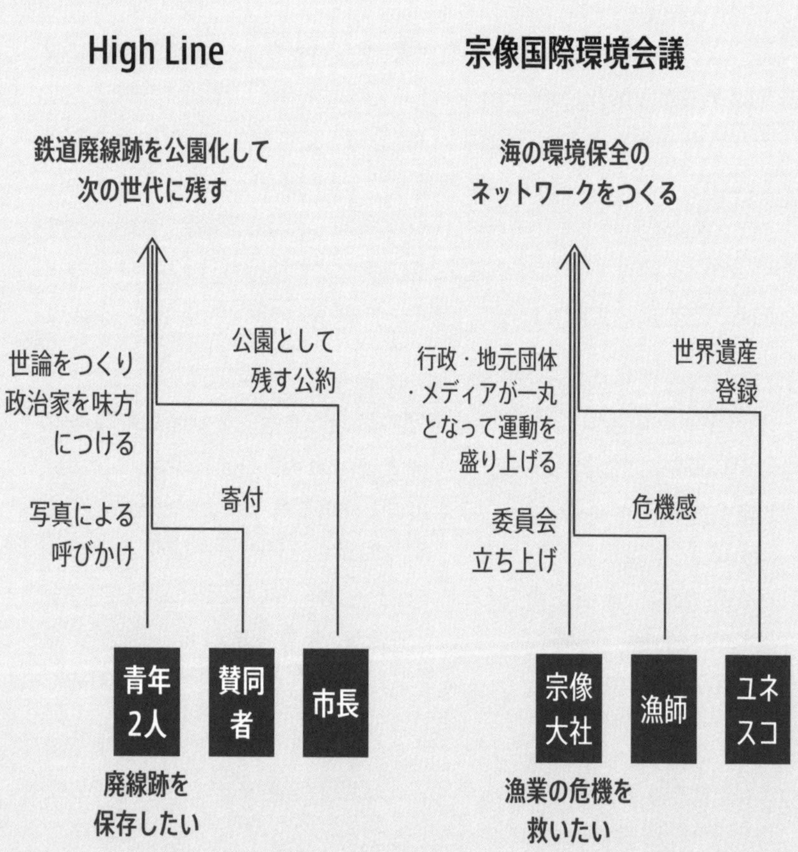


大きな文脈につなげて新たなステークホルダーを巻き込むことで、共通目的も大きくなり推進力が上がる。

## 03

# 短期的に利益が出る事業"だけ"しようとしていませんか？

### 事業をつくるだけではない共創の価値

2章では共創のタイプを8つに分類してプロジェクトを解説した（38頁参照）。共創は（特に企業において）新規事業をつくる文脈で語られることが多いが、事業をつくることだけではない共創の価値を表現したく、あえて8つのタイプとして表したものである。

このトピックでは改めて、事業をつくることだけではない共創の価値についてお話ししたい。

活動していく上で短期的な利益をつくることはもちろん欠かせないが、今後はより長期的な視点で価値をつくることが重要になってくる。だからこそ、事業を短期的な経済合理性だけの観点で捉えるのはもったいない。なぜなら、長期的に活動を持続していくためには、目の前の顧客から売上をあげているだけでは不十分だからだ。環境問題や社会問題が多様化・深刻化し変化の激しいこの時代においては、外部環境の変化によって市場が衰退したり、活動を持続することが難しくなるからだ。

外部環境の変化に耐え抜き、社会に対して大きなインパクトを起こすためには、より長期的な視野で活動の価値を考えることが必要だ。

現在、日本ではPBR（株価純資産倍率）が1倍未満の会社が4割を超えるといわれている。これは1つの指標に過ぎないが、PBRが1倍未満ということは企業の時価総額が純資産よりも少ない状態であり、有形の価値だけでなく、無形の価値も市場から評価されていないと読み解くことができる。

今後ますます目に見える有形の価値以上に、無形の価値をつくることが重視されてくる。無形の価値は、すぐに培われるものではない。信用やブランド、独自のノウハウやアイデアなどの積み重ねによって生まれる価値である。こうした無形の価値を生み出していくことが、共創によってもたらされる効果の1つだ。

## 共創プロジェクトの成功は自社事業も成長させる

イノベーション経営は3階建てとよく言われる。コア事業・新規事業・イノベーション創出の3つはまったく性質が異なるため、それぞれ別の階に分けて経営するというたとえだ。ここで大事なのは、この3つの経営は、見るべき指標も評価も違うということだ。たとえば、コア事業ではしっかり目の前のお金を稼がなければならないので利益で評価されるし、新規事業ではどれだけのニーズをつかみ売上や市場シェアを伸ばせる事業を開発できたかで評価されるし、イノベーション創出では試行錯誤や実験を繰り返して未開拓の分野や市場を発見できるかが試される。つまり、イノベーションを生み出そうとしている部門に短期的な利益を求められるとうまくいかない。同じ企業の事業でも、このように階層を分けることで求められる成果が異なることを意識するしくみだ。

一方、1つの組織を1つの建物と捉えてみると、共創プロジェクトはその建物群が建つまちの中にある公園などのパブリックスペースのようなイメージに近い。自分たちの建物を良くすることだけでなく、周辺の環境をシェアして良くすること、つまり、自分たちの生活やビジネスを良くすることだけでなく、業界や地域、社会を改善することが、結果的に自分たちのビジネスの価値を高めることにつながる。

このように、競合相手や立場の違うステークホルダーを巻き込みながら周辺の価値を高めていくことは、一見非効率で無駄なように思えるかもしれないが、お金では代替できない唯一無二の価値をもたらす。

たとえば、「Regenerative Organic Certified」(ROC)の創設に関わったパタゴニアは、もともと農業の可能性に注目し研究を行っており、「パタゴニア プロビジョンズ」という食品事業を展開してきた。研究機関や賛同企業と共にROCの策定に取り組むことは、同社の存在理由である「私たちは、故郷である地球を救うためにビジネスを営む。」に合致しており、ROCのようなこれからの社会に必要な基準づくりを支援する

## 個別の事業と共創プロジェクトの関係

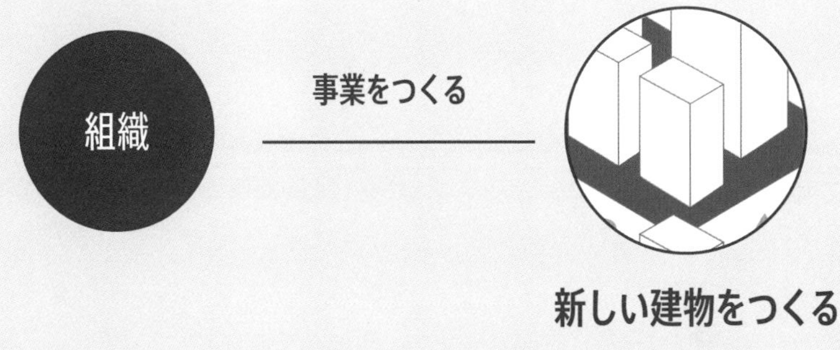


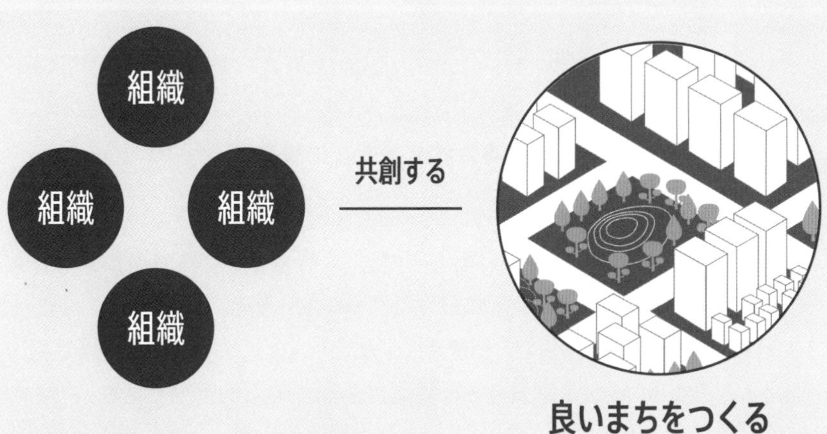


事業を建物をつくることに見立てると、共創はその建物が建つまちをより良くする活動だ。事業が生み出される環境そのものをつくったり、新たな価値やこれまでにない関係を生み出すことにつながる。

ことが、「地球を救う」という自社のパーパスとビジネスの市場を育てることを両立させている。

ROCのような基準づくりを支援することが企業に直接何かの収益をもたらすものではないが、自社の事業とシナジーのあるこうした取り組みは、企業としての意志を発信することになり、顧客からの支持やブランド価値という無形資産を増やすことにもつながるだろう。

こうして、事業と共創プロジェクトを組み合わせて考えることで、1社ではできなかったことができるようになったり、他社に簡単に真似ができない強みになったり、新たな市場をつくることにつながり、結果的に自社事業にも利益が還元されるというパターンもある。

## 04

## 活動を継続するための最低限のお金としくみはありますか？

### 活動初期の資金提供者の重要性

大きな変化を生み出すためには、プロジェクトに持続性がないといけない。一方で、共創プロジェクトは価値を生み出すまでに時間がかかるものも多く、持続性を確保し続けることが難しい。特に、プロジェクトの初期段階では最低限の経済合理性、すなわち「ビジネスモデルが確立できるまでの間、活動を継続するためのお金としくみ」が重要である。

これまでパーパスモデルでは多様なステークホルダーを同列に並べてきたが、その中で誰がどうお金を出し活動を支えているのかを見ることも必要なことだ。そこで、このお金の流れを「主体」「顧客」「支援者」という3つの要素に分けて「プレビジネスモデル」として可視化した。

### プレビジネスモデルで考える

プレビジネスモデルとは「共創プロジェクトの初期段階において、ビジネスモデルを確立する前に金銭的に誰から、どう支えられたか」を可視化し

# プレビジネスモデル

共創プロジェクトの初期段階において、ビジネスモデルを確立する前に金銭的に
誰から、どう支えられたかを可視化するモデル

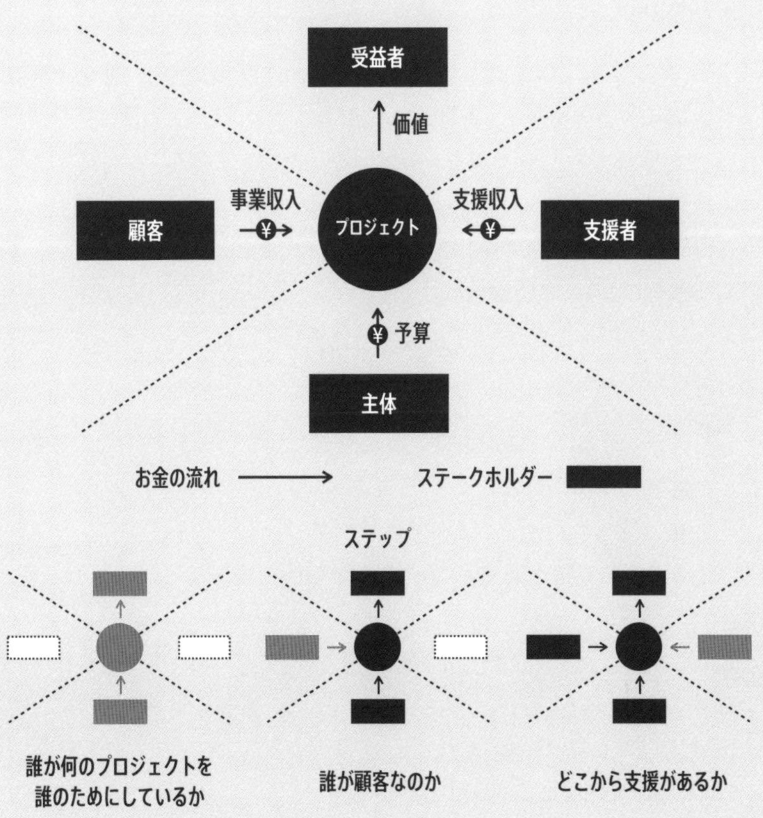

た図である。

プロジェクトによって価値をもたらしたい相手である「受益者」に対して、「主体」のあり方、「顧客」の種類、「支援者」の関わり方、この3つの要素の1つまたは複数を工夫することによって、プロジェクトをどう成り立たせているかをお金の視点に絞って見ていく。

プレビジネスモデルは、共創プロジェクトにおいて、資金が潤沢でない初期のフェーズを乗り越えるために、1組織だけで完結せず、より多くのステークホルダーと協力しあえる体制を考えるためのフレームだ。

まず、図の下部が「主体」で、プロジェクトの主体者であり、通常は予算を捻出する組織を指す。そして上部が「受益者」で、このプロジェクトで価値を享受する人や組織を表している。左には、「顧客」から売上を得る通常のお金の流れを表す。右には、プロジェクトを支える「支援者」からのお金の流れを表す。この支援収入には、たとえば補助金、出資、寄付、協賛のような方法がある。

このプレビジネスモデルの図を描くステップとしては、以下の3つである。

1. 誰が、何のプロジェクトを、誰のためにしているか？→主体と受益者（図の上と下）を描く
2. 誰が顧客なのか？→ビジネスの相手（図の左）を描く
3. どこから支援があるか?→支援者（図の右）を描く

たとえば、「主体」を工夫して、協同組合形式で手数料率を引き下げ利益率を上げている例や、「顧客」を工夫して、複数の財源を持つことでリスクを軽減している例もあれば、「支援者」を工夫して個人からの支援によって場を運営している例もある。

具体的な事例で見てみよう。

1）The Drivers Cooperative

ニューヨークにある「The Drivers Cooperative」は、タクシーのドラ

イバーによる協同組合だ。中央集権化された大きなプラットフォームが提供しているタクシーサービスでは、手数料率が徐々に引き上げられ、タクシードライバーの利益が減っていくことが問題視されていた。そこで彼らは協同組合をつくり、投資家からお金を募り、ライドシェアサービス「Co-op Ride」を自分たちでリリースし、手数料率を下げ、ドライバーにより利益が還元されるようなモデルをつくった。

2) BONUS TRACK

BONUS TRACKの事例では、最低限の経済合理性が成り立つように、テナント賃料とは別に、一部を駐車場にして、その売上が収益のベースになっている。買い物客以外からの収益源をつくることで、挑戦ができる環境を持続できるしくみを整えている。ベースになる売上と、チャレンジを後押しする収入源が複層的に確保されている。

3) High Line

通常、公園のような公共空間を開発する際には、行政が予算を出し、管理も行う。しかし、ハイラインの場合、市は公園に改修する費用は出すが、竣工後の運営資金はHigh Lineを次の世代に残したい個人やセレブからの寄付によって支えられている。他にも、企業からの協賛やイベント利用料など複層的な収入源を確保している。

4) LEO Innovation Lab

LEO Innovation Labの活動費は、親会社であるレオファーマの研究開発予算ではなく、同社の大半の株を持つ財団LEO Foundationから出資されているのが特徴である。企業のイノベーション戦略には位置づけつつも、活動の収益性を求められるわけではなく、社会に還元する価値をつくることを第一に、イノベーティブな活動を長期的に後押しするシステムが構築されている。

このように、プレビジネスモデルを使ってお金の流れを可視化すると、誰にどのように支えられているかがわかる。その支え方のパターンとして、プロジェクトの主体がユーザーやステークホルダーを巻き込んで新たに組

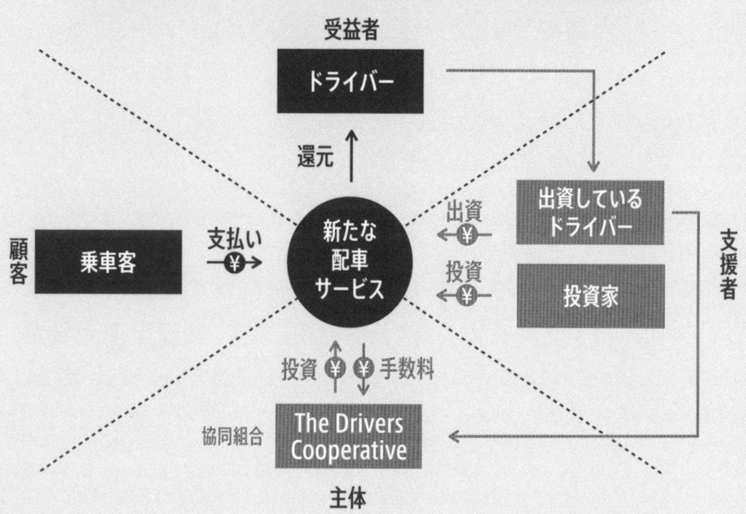
タクシー配車サービスの協同組合
受益者
ドライバー
還元
顧客
乗車客
支払い
新たな
配車
サービス
出資
出資している
ドライバー
投資
投資家
支援者
投資
手数料
協同組合
The Drivers
Cooperative
主体

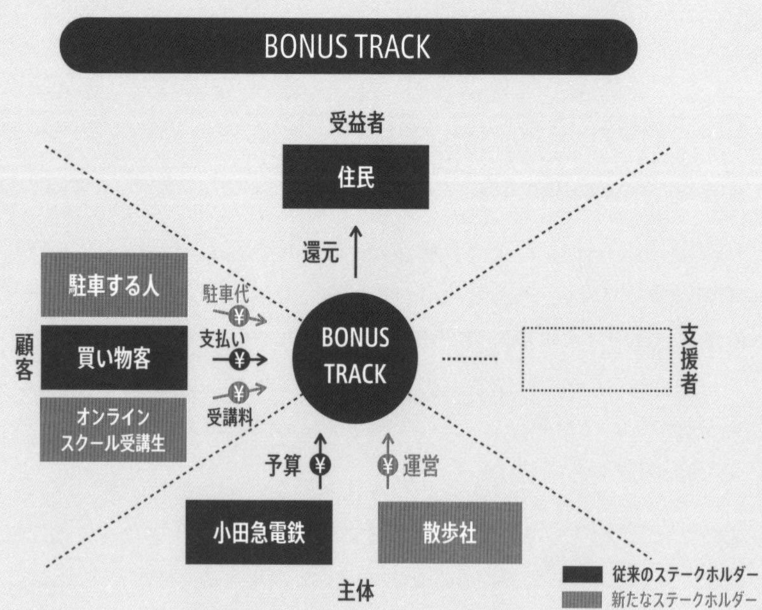
BONUS TRACK
受益者
住民
還元
駐車する人
駐車代
顧客
買い物客
支払い
オンライン
スクール受講生
受講料
BONUS
TRACK
支援者
予算
運営
小田急電鉄
散歩社
主体
従来のステークホルダー
新たなステークホルダー

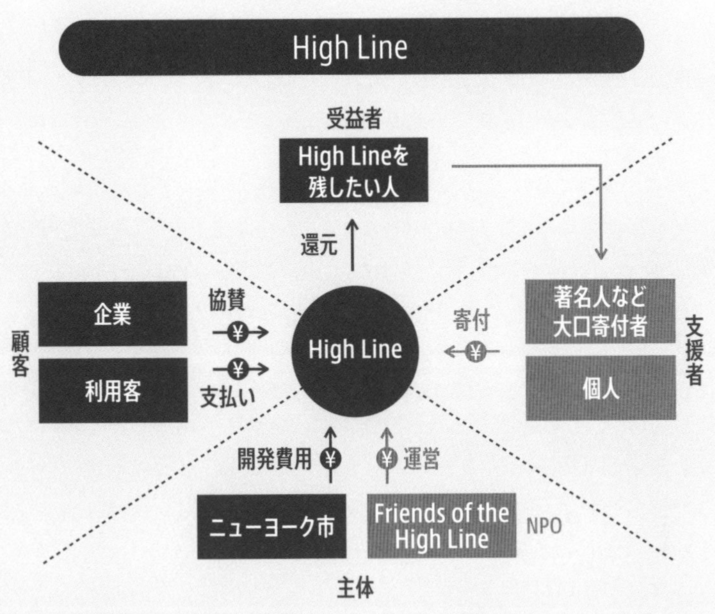
High Line
受益者
High Lineを
残したい人
還元
企業
協賛
顧客
利用客
支払い
High Line
寄付
著名人など
大口寄付者
支援者
個人
開発費用
運営
ニューヨーク市
Friends of the
High Line
NPO
主体

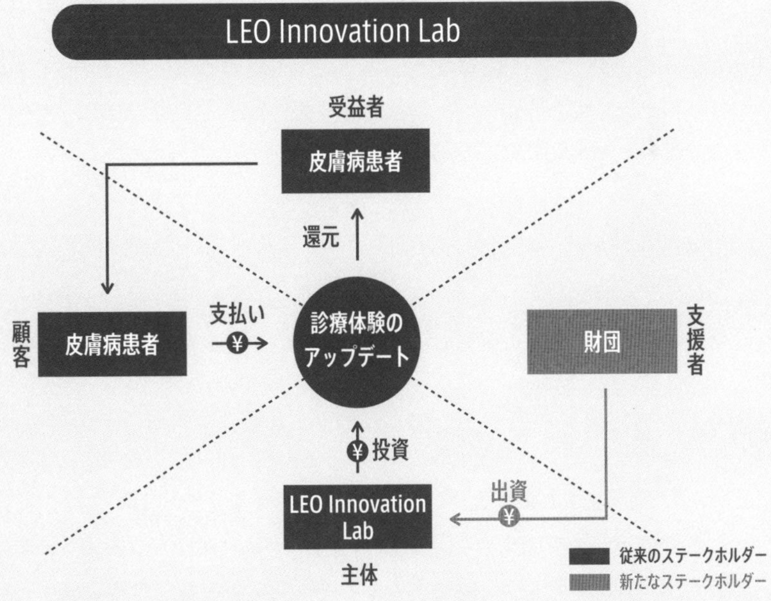
LEO Innovation Lab
受益者
皮膚病患者
還元
顧客
皮膚病患者
支払い
診療体験の
アップデート
財団
支援者
投資
出資
LEO Innovation
Lab
主体
従来のステークホルダー
新たなステークホルダー

織を立ち上げたり、複数の小規模な顧客から収入源を確保したりと、いろいろな方法が工夫されている。支援されるお金は、個人の寄付であることもあるし、行政の予算であることもある。

通常のビジネスであれば、図の左側の「顧客」からの売上だけで成り立つように設計されるが、共創プロジェクトにおいてはその過程で必ずしも顧客が明確になっていないこともあるし、顧客の売上だけで活動経費をすべて賄えない場合もある。だからこそ、図の右側の「支援者」がそれをどう支えるかを考えることが重要になってくる。

また、これまでは受益者だったステークホルダーが、ハイラインの事例のように支援者にまわったり、タクシー配車サービスのように協同組合を自ら設立することで主体者になったりと、立場を横断するような動きが出てくるのが面白い。

このようにビジネスモデルが確立するまでのお金の流れを可視化し、他の共創プロジェクトの事例を参考にしつつ、「主体」「顧客」「支援者」の3つの要素を工夫することで、金銭的な理由で継続が難しくなりがちな初期のフェーズを乗り越えていきたい。

ちなみに、ビジネスの戦略を考える上でよく使われる「3C」のフレームワークは以下であるが、このプレビジネスモデルは、「競合」が「支援」に置き換わった「共創3C」ともいえる。

1. 自社（Company）
2. 顧客（Customer）
3. 競合（Competitor）→支援（Cooperation）

そもそも3Cのようなビジネスのフレームワークは、通常1社で完結し、他社を競合と見なし、敵対関係であることを前提とするものが多い。もちろん、健全な競争は必要だが、共創が重視される社会においては、競合を意識することよりもまず、同じ目的に向かって一緒に取り組めるステークホルダーをどう仲間として巻き込んでいけるかが大事になってくる。

*

3章では、「共通目的をどう考えるか?」「誰をどう巻き込むか?」「活動をどう広げていくか?」の3つのセクションでよく陥りがちな課題を挙げながら、それを乗り越えるためのヒントについて具体事例を通して紹介してきた。これからの時代、プロジェクトをつくっていく人はいろいろな人の想いを引き出し、プロジェクトのパーパスをまとめあげていくことや、人を巻き込み役割を整理することが求められる。

3章で取り上げてきた考え方は、あくまでも「つまずいたとき、こう考えてみるのはどうか」という一案であるが、共創プロジェクトに取り組む人が試行錯誤するときのガイドになれば幸いである。

*1 Waagで使用されているこのステップは、British Design Councilと the Delft Product Innovation Modelを参照している。

# 4

# 共創しやすい社会をつくるために

4章では、社会を前に進める共創プロジェクトを
増やしていくために「個人」と「社会環境」の
重要性について触れておきたい。

# 4-1

# 個人・プロジェクト・社会環境の3つを揃える

どれだけプロジェクトを体系化しても、プロジェクトに関わる個人が想いを強く持たなければうまくいかないし、プロジェクトの背景にある社会環境のしくみや土壌も変えていかなければ、共創しやすい社会はつくれない。社会を前に進める共創プロジェクトを増やしていくためには、この「個人」「プロジェクト」「社会環境」の3つがうまく噛みあいながら成果を出していくことが求められる。

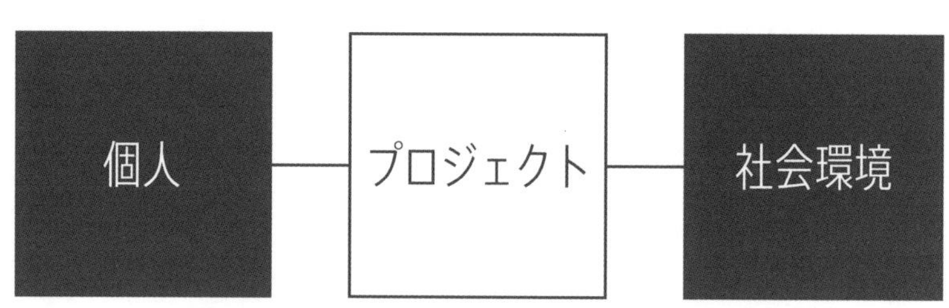


どれだけプロジェクトを体系化しても
個人の想いが必要な場面も多く、
また、プロジェクトの背景にある社会環境が
変わらないといけない場面も多い。

## 4-2

# 共創が起きやすい社会環境とは

まず、共創が起きやすい社会環境について見ていこう。2章の事例や3章の考察を経て、共創プロジェクトが成功した背景にある環境的要因として、次の5つが見えてきた。

1. 共通する課題認識がある
2. ステークホルダーをつなぐ場や組織があり、つなぎ手がいる
3. (国・自治体・企業に) 明確なビジョンや構想がある
4. リスクを負担するしくみがある
5. 社会関係資本がある

### 01

### 共通する課題認識がある

共通の課題認識があるところに、共創が生まれやすい。たとえば、地域における課題認識は、各個人が生活の中で実感していることが多く、自分ごとになりやすかったり、「私たち」という集団的な意識を持ちやすい。たとえば、「高齢化」「人口流出」「産業の衰退」「機会の不均衡」などの課題は、その地域内ですでに課題意識が共有されているため、セクターを超えての共創が進みやすい。実際に、「技術力があるのに跡継ぎがいない職人をなんとかしたい」「目に見えて漁獲量が減っている海の環境を回復しつつ新たな産業をつくりたい」といった自分の生活に紐づく想いを耳にしてきた。地域における課題以外にも、「気候変動」「ジェ

ハイラインの保存のきっかけとなった、写真家が撮影した鉄道廃線跡の写真の一部（出典：High LineのHP）

ンダーギャップ」「働き方」など、その時代における社会的な課題も共通の認識を持ちやすい。

一方で、重要な課題であっても、まだその課題が“共通”の認識になっていないものもある。そこでは、さまざまなステークホルダーが課題に“気づく”プロセスが欠かせない。たとえば、「High Line」の事例では、2人の青年が取り壊す方向で話が進んでいた廃線跡の景色の美しさを写真家に撮影してもらい、それを世界に向けて発信したことで多くの人にその場所の価値を気づかせたように、「Dutch Skies」の事例では、データによって大気汚染の深刻さを可視化し、企業や市民を動かしたように、共創プロジェクトの過程では誰にでもわかりやすいローコンテクストな可視化や体験を通じて、まだ自分ごと化されていない課題に気づく機会をつくっていくことが有効である。

## 02

# ステークホルダーをつなぐ場や共同体があり、つなぎ手がいる

共通する課題認識があったとしても、認識しているだけではプロジェクトは動かない。そんなときに、課題を共有することができる場や共同体があり、それらをつなぐ「つなぎ手」がいると、共創プロジェクトが起きやすい。そんな共創が起きやすい状況をつくるための3つの要素として、「場と共同体」と「つなぎ手」のそれぞれについて紹介する。

### 1) 場と共同体

共創やイノベーションを引き出すには、3つの「場」の機能が必要だと言われている。

1. **フューチャーセンター**
   さまざまなセクターの人が集まり、肩書きを外して課題を探究する
2. **イノベーションセンター**
   企業の技術やリソースを使って共に解決策のプロトタイピングを行う
3. **リビングラボ**
   生活空間の中で解決策を試し、新しい価値観を社会に実装する

これらの3つの場の機能はどれも必要で、これらが連携していくことで、社会を前に進める共創やイノベーションが起きていく。一般社団法人FCAJは3つの場を包括して、労働のための場「WORK PLACE」ではなく、知識創造の場「WISE PLACE」と呼んでいる。こうしたイノベーションや共創のための場は世界中で重視されている。コンサルティングファームCapgeminiの2017年の調査では、経営者の8割がイノベーションの場が必要と答えている。また、FCAJがコロナ禍で実施した世界各国の場の運営者に対するアンケートでも、「場の重要性はますます高まる」と答える回答が8割を占めた。

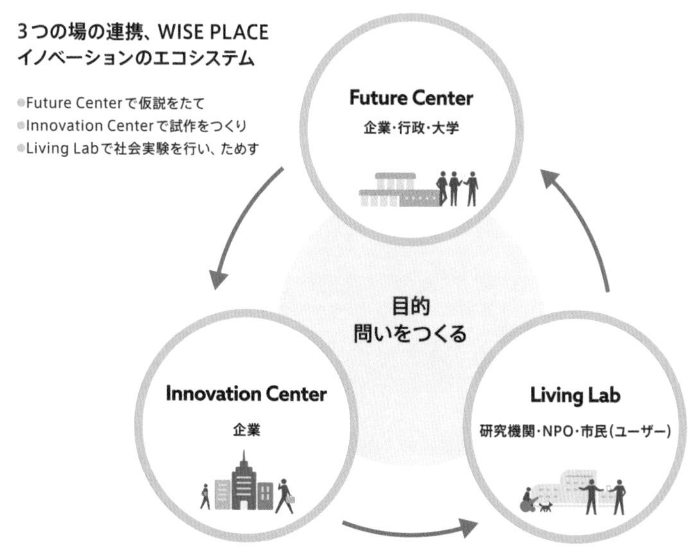


FCAJが提唱する「WISE PLACE」（出典：一般社団法人Future Center Alliance Japan）

日本では2010年代から徐々にこういった場が生まれ始め、現在も増えて続けている。FCAJでは、組織を超えた仮説の探究、ソリューションの開発、生活環境での実証実験を行き来しながらイノベーション活動を加速させると説いている。1組織が運営する1つの場の活用だけにとどまっていては、視野も広がらず、時間もコストもかかるため、他の複数の場との連携が必要である。

また、2章で紹介したFashion for GoodやBLOXHUB、Waagのように「未来思考で社会課題に取り組む共同体」が生まれていることにも注目したい。Fashion for Goodは民間企業が、BLOXHUBは行政が、Waagは非営利財団がそれぞれ主導しているが、三者の共通点はリアルな場を持っていることと、専門性を持つ多様な人々が参画し、未来思考で社会的なパーパスを持つプロジェクトをどんどん生み出しているということである。「イノベーションや共創のための場」同士が連携し、「未来思考で社会課題に取り組む共同体」が増えていくことで共創しやすい環境が生まれる。

### 2）つなぎ手

これらの場や共同体と同様に重要なのが、「つなぎ手」の存在である。ただ空間を用意したり、イベントを企画するだけではなく、人や組織を意図を持ってつなぐ存在がいることで、共創は加速する。それは、単なる紹介者でも、コミュニティマネージャーでも、ファシリテーターでもなく、コンサルタントでもない。つなぎ手は人や組織の各々の意志や課題、リソースを理解した上で、共通の目的をつくり、主体的に人や組織をつなぐことで、社会的価値を生み出す、重要な職能だ。

## 03

## （国・自治体・企業に）明確なビジョンや構想がある

共創プロジェクトの拠り所となる組織（たとえば国や自治体、大企業など）が自分たちの目指す世界や活動テーマを明確にしていることも重要だ。目指すべき未来の構想があることで、共創プロジェクトをその組織や地域の戦略の中に位置づけることができ、共創プロジェクトとその一段上の構想の間で価値交換ができる。

そうすることで、社内外のステークホルダー間におけるコミュニケーションコストを減らし、共創プロジェクトのような長期的に価値を生むプロジェクトの種を育て、より推進されやすくすることにつながる。つまり、構想や戦略と共創プロジェクトの間に価値の循環がつくられることになり、そうした循環を生み出すことが共創環境を持続可能なものにする。

## 04

## リスクを負担するしくみがある

行政や公的機関が民間企業だけでは取り切れないリスクを負担するしくみがあると、中長期的な取り組みを行いやすくなる。たとえば、ここでは、調査事例の中でチャレンジの余白づくりができた以下のような政策的支援を例に挙げる。これらを活用し、信頼や収益を担保することで、共創プロジェクトはより持続可能になる。

- 単年度の予算ではなく、5〜10年など中長期的な予算が確保されている
- 場所やリソースを通常よりリーズナブルに利用する体制・しくみがある
- 規制を緩和する政策、制度がある
- 税制の優遇、税控除のしくみがある
- 場所を特区や指定地区として位置づけることができる

また、これらの政策的な支援がない場合でも、地域の金融機関や電鉄会社などの経済やインフラに直接関わる企業が自らリスクを負担して活動することもある。彼らがそういった役割を担うのは、特定の地域や業態を底上げするような面的な支援が地域の活性化や顧客満足につながり、結果的に自社の利益につながるビジネスモデルを持つからである。他にも、1社がすべてを担わずともプロジェクトのパーパスに賛同する複数社が無理のない範囲でリスクを持ち合ったり、多くの個人の寄付やボランティアによって活動を支えることもある。本来は政策や制度など大きな枠組みがあるのが望ましいが、そうしたしくみがない場合にはこのようにしくみを代替する工夫が求められる。

## 05
## 社会関係資本がある

日常の中に、セクターや属性にかかわらず、人や組織が関われたり、つながれたりする場や機会があることで、信頼関係や人間関係といった社会関係資本が築かれる。それが集団としての協調性を生み出し、共通の目的に向かっていく土壌になる。

たとえば「宗像国際環境会議」の事例では、宗像大社と漁師が歴史的

に関係性を築いていたし、「High Line」や「BONUS TRACK」のように物理的な場がコミュニティになっているものなど、さまざまな形の社会関係資本があるが、そうした目には見えない人と人のつながりが共創を円滑に進めてきた。

＊

このように事例の調査やインタビューを通じて、パーパスモデル上には現れてこない社会環境の重要性が見えてきた。社会環境の5つの要素は、プロジェクトを実施する場や体制を考えるときに参考にしてもらいたい。

こうした共創が起きやすい社会環境をつくっていくにあたって、1人1人がこれからの社会がどうなるか、マクロな視点を意識することが重要だ。ESG投資やSDGsの世界的な流れを背景に、本書で取り上げたユニリーバをはじめ、より良い社会を目指すパーパスを掲げて共創する企業が社会の支持を集め、B Corpのような社会性を重視する認証制度で企業を後押しする動きも生まれている。

また、これまでは別々に評価されていた社会的インパクトと利益を統合する「インパクト加重会計」という業績評価の新たな取り組みも研究が進んでいる。たとえば、環境汚染をしている企業はそのインパクトが測定されて利益がその分マイナスになる一方で、通常より多くの給与・福利厚生の人的投資をしている企業は利益がその分プラスになる、といった考え方だ。

こうした潮流は、経済的な豊かさを求めることが誰かを犠牲にすることのないようにすること、社会性があり経済性もあるプロジェクトがますます求められていることを意味している。そのためには、これまで見過ごされてきたあらゆるステークホルダーを排除せず、より多様なステークホルダーと共創して、社会にインパクトを生み出していかなければならない。

目の前のプロジェクトだけでなく、そのプロジェクトを支えてくれる社会環境にも目を向けてみてほしい。そして、ここで紹介したような社会環境を一緒につくっていきたい。

## 4-3

# 共創を実現する個人の姿勢と連帯

次に、共創を実現する私たち個人の姿勢とその連帯についてお話ししたい。まだまだ「競争」の価値観が強い世界で、パーパスでつながる「共創」を実現するには、想いのある人の連帯が欠かせない。結局のところ、プロジェクトを動かすのは「人」である。

ここでは共創の土台となる個人の6つの姿勢について触れたい。私はこの姿勢が、これからの社会を引っ張っていくと信じている。

1. 自分の想いと行動をつなぐ、自分と社会をつなぐ
2. 中長期的な価値を信じる
3. 多くのステークホルダーと向きあって想いを共有する
4. 自分の領域から一歩踏み出す
5. チャレンジを形にして発信する
6. 賛同を表明する

### 01

### 自分の想いと行動をつなぐ、自分と社会をつなぐ

パーパスモデルは、わかりやすくするために、ステークホルダーを組織単位や属性単位で書くことが多いが、実際はその中にたくさんの個人がいる。そしてその1人1人が大切にしたい想いを持っている。ここで重要なのは、「自分の想いと行動のつながり」、そして「自分と社会のつながり」を意識することである。

まず、自分の想いと行動のつながりについて。共創に取り組む前に、そもそも自分の大切にしたい想い（何をしたいか）と行動（何をするか）がつながっているかどうかを意識したい。想いと行動が自分の中でつながっているとき、内発的動機が生まれ、主体性をもって活動できる。共創には主体性が重要である。

次に、自分と社会のつながりについて。自分が関わるプロジェクトや活動のパーパス（共通目的）と、自分が良いと思う社会の方向性が一致していることもとても重要だ。目の前の課題を突き詰めていった先に社会課題につながることもあるし、大きな課題に自分だったら何ができるかと切り込むこともあるだろう。個人と社会のつながり方はさまざまだが、方法はどうであれ、重要なのは自分と社会のつながりを意識することである。

## 02

## 中長期的な価値を信じる

共創のベースには「中長期的な価値を信じる」という考え方がある。まず、この考え方がないと、共創プロジェクトは実現しづらい。

これまで述べてきたように、共創プロジェクトと従来のプロジェクトでは考え方も進め方も大きく異なる。関係者が多い分、時間もコミュニケーションの量も増えるし、一足飛びにはいかないこともあるだろう。しかし、短期的な利益だけを追い求めて誰かを犠牲にするやり方は支持されなくなってきているし、課題が複雑化する現代において、自分や1組織でできることには限界がある。もしあなたが、中長期的な価値について周りから理解を得られなくても、諦めないでほしい。そこには必ず小さくても変化が起きているし、1人では、短期間では得られない無形の価値が生まれている。パーパスモデルで事業やプロジェクトを可視化することで、それを共有できるはずだ。

本書を通じてそのもやもやした状況を突破するのが共創だと感じてもらえたら嬉しい。共創は今よりも良い状態を目指して、社会に変化をつくるための手段である。長い目線と広い視野を持って、中長期的な価値を信じることから共創を始めよう。

## 03

## 多くのステークホルダーと向きあって想いを共有する

ステークホルダー同士が、できないことや弱さを含め素直に想いを共有しあうことが、対話の必要な共創においてとても重要である。

パーパスモデルを円で表現しているのは、そこに優劣や上下関係がなく、資金提供者もボランティアもみんなが共通目的に向かって、それぞれの役割を持って関わっていることを表すためである。

すべてのステークホルダーについてそれぞれの目的をあえて書き表すのは、立場の異なる人や組織が何を考えているか、本音で想いを共有できるようにすることを意図している。

もし、あなたが共創プロジェクトを進めていくなかで、「この人は口では共創と言っているけれどステークホルダーのことを対等に考えていないぞ？」とか、「この人は自分の意見なんて影響力がないと思ってしまっているかも？」など、一緒に進めていく人に少しでも違和感を感じたときには、丁寧に従来のプロジェクトと共創プロジェクトの違いについて、パーパスモデルを使って前提の共有をしてほしい。

同じような規模や状況の企業に勤めていたとしても、口では共創と言っていたとしても、頭に描いているものが大きくずれていることもある。プロジェクトを進めていくなかで、こうしたズレをそのままにしておくと、それがあるとき大きな問題として顕在化し、取り返しがつかなくなることもある。

そんなとき、パーパスモデルのような共通言語を使って自分の認識を可視化することで、他者の認識とズレがないかを確認することができる。

本書では、共通目的があることでステークホルダーが同じ方向を向けると書いたが、実際には共通目的を掲げるだけではステークホルダーが同じ方向を向いてくれることは少ない。他の人をうまく巻き込んでいった共創プロジェクトの主体者たちは、相手のやりたいことに耳を傾けながら共通目的に紐づけるコミュニケーションを行うことに、手間を惜しまず向きあってきた人ばかりだった。

## 04

## 自分の領域から一歩踏み出す

共創には、これまでの自分たちの領域をお互いに一歩踏み出し、知を組み合わせて新しい価値をつくることが必要である。

イノベーションの理論の中でも、クレイトン・クリステンセン氏が一見関係なさそうな事柄を結びつける思考がイノベーションであると定義したり、ジェームズ・マーチ氏が新しい知の追求にはなるべく自分から離れた遠くの知を幅広く探し、今自分の持っている知と新しく組み合わせることが重要だと述べている。一見関係なさそうな事柄・自分から遠い知とは、専門性や地域、時代など自分の領域の「境界を超えたところ」にある。だからこそ、境界を超える=一歩踏み出す勇気が前提になる。

たとえば、「BONUS TRACK」の事例では、共創パートナーの全員が新しい挑戦をしている。小田急電鉄は、支援型開発という手法に初めて取り組み、探求期に巻き込んだキーマンである内沼氏・小野氏は商業施設のコンサルタントではなく、複数の事業者を束ねる経験もなかったが、この場所を運営するために散歩社を新たに立ち上げた。出店者たちが「チャレンジができる」広さと家賃について議論に参加することも、管理会社に代わって市民ボランティアの園藝部が植栽管理をするのも新しい試みである。

正直、新しいことをするのは手間もコストもかかり、変化を求めずやり慣れた方法でやるのが一番楽である。しかし、この時代に変化しないことの方がリスクだ。だからこそ、視野を広げて長期的に考え、みんなで大きくしたパイを分けあう方が、短期的に得られる小さいパイをそれぞれが食いあうよりも、得られる成果は大きく面白いものになる。このように競争から共創へと発想を転換できれば、おのずと変化にもポジティブになれるだろう。

## 05

## チャレンジを形にして発信する

共創は1個人や1組織ではできない。つまり、主体的に取り組む人の輪を広げていくことが求められる。SNSのような個人が起点となるプラットフォームが発達した現代だからこそ、発信が重要である。一歩踏み出すチャレンジを形にし、メディア・サービス・場などで発信することで、人々の関心を呼び起こす。その発信をきっかけに、新しい視点や機会に出会ったり、他者との"関わりしろ"をつくることにもつながる。

たとえば、「High Line」の事例では、青年2人が著名な写真家を巻き込んで、その場所の魅力を広く発信したことで「この景色を未来に残したい」という共感を集めた。

オーストリアのリンツで毎年開催されるメディアアートの祭典「アルスエレクトロニカ」は、まずラジオ局の若手職員と学者ら3名が「未来志向の文化政策」の提言を行った。そして1979年、最初のアルスエレクトロニカのフェスティバルの日に、テクノロジーとアートという当時先端的なコンセプトを掲げて、ラジオで交響曲を一斉に流し、リンツの空に「音の雲」をつくった。この催しはドナウ川のほとりに集まったリンツ市民10万人と体験を共有することにつながった。

台湾のシビックハッカーコミュニティ「g0v」(ガヴ・ゼロ)は、行政院が打ち出した「経済力推進プラン(原名:経済動能推升方案)」に対してその情報の不透明さに憤りを感じた4人のシビックハッカーが、政府の予算データをオープンデータ化し、誰でもデータに基づく議論ができるようにした。

このように「自分たちのできる範囲でまずやってみる」チャレンジを形にし

て見せたことで、多くの人々の関心を呼び、プロジェクトは大きく進化した。もし、彼らが行政や大企業を相手に直談判するだけだったら、相手にもされなかったかもしれない。

さらに、High Lineを運営するNPO「Friends of the High Line」は市民がボランティアで運営に関われる多様な選択肢を用意し、アルスエレクトロニカは芸術祭だけでなく国際コンペや未来を体験できるミュージアム、企業とイノベーションを共創するラボを運営し、g0vはエンジニアらが製品・サービスを開発するハッカソンを定期的に開催して市民・行政・専門家がオープンな場で討論するなど、それぞれ関心を持った人が関われる"関わりしろ"をつくり、主体的に動くステークホルダーの数を増やしている。

## 06

## 賛同を表明する

最後に、「賛同の表明」について説明したい。なんだそんなことか、と思う人もいるかもしれない。みんなが気軽にできるからこそ、意外と忘れやすく軽視されがちだが、誰かの活動を積極的に賛同したり、応援したりすることも、連帯していくために必要な共創マインドの1つといえるだろう。

TEDの有名な動画、デレク・シヴァーズによる「社会運動はどうやって起こすか」にもあるが、1人で踊り出しても何も起きない。"一緒に"踊る人がいてこそ、そのうねりは大きくなり、変革は起きる。最初に始めた人だけがすごいのではなく、そこに続く人も十分にすごい。

3章でも共創プロジェクトへの関わり方にはグラデーションがあると書いたが（149頁参照）、プロジェクトを起こすことや引っ張ることだけが共創プロジェクトへの関わり方ではなく、意見を届けること、シェアすること、寄付すること、ボランティアとして関わること、などもとても重要な役割である。だからこそ、"一緒に踊り出す"選択肢をたくさん持っていてほしい。小さい行動は微力でも、決して無力ではない。

批判やクレームは表出しやすいが、ポジティブなコメントをあえて届ける機会が今はまだ少ない。人は誰かから応援されたり、愛情のある言葉をもらったりすることでエンパワーメントされる。誰かの足を引っ張るのではなく、誰かから励まされ、誰かを励まして、みんなで目的でつながる共創プロジェクトを育てていこう。

## 4-4

# パーパスフッドの時代

私はパーパスでつながる人の連帯を「パーパスフッド」と呼んでいる。英語で書くと「PURPOSEHOOD」であり、ここでの「HOOD」はつながりや連帯のことを指す。女性解放の世界的なムーブメントであるウーマン・リブ運動では、「シスターフッド」という女性同士の連帯が社会の価値観を変化させる推進力となった。同様に、組織単位でなく個人に宿るパーパスでつながる人々の連帯である「パーパスフッド」が、複雑な課題だらけのこの社会を前に進めると信じている。

本書では、これまで共創プロジェクトの分析や共創をどのように実現するかについて述べてきたが、このようにプロジェクトの方法論をどれだけ形式化しても、関わる個人の想いがなければ共創は成り立たない。

変化の過渡期にある今の社会では、まだまだ短期的な利益を求めるプレッシャーや自社で完結する思考が根強く、一個人が想いを持っていたとしても、組織や社会の論理に負けてしまうことも少なくない。だからこそ、そうした社会の構造に対して、想いのある個人が組織や立場を超えて連帯し、その必要性を訴えていくことが重要である。

パーパスフッドなんて、今はまだ理想主義に聞こえるかもしれない。しかし、テクノロジーの発展とともに、SNSでの発信は影響力を持ち、さまざまな専門的なことが個人でできるようになっている。個の集合体が力を持つ時代がきているのだ。その個人をつなぎ、アクションに向かわせる働きをするのがパーパスだと思う。

そうした個の集合体が組織や立場を超えてパーパスを共有し、それぞれが一歩踏み出す挑戦をすることで、1つの組織や立場ではできないことができるようになる。それが共創だ。

もはやイノベーションを主導し、停滞感を打破するのは国や大企業だけではないはずだ。社会の不平等・違和感・疑問・これまでの当たり前に声を上げるのは私たち自身である。幅広い人が変化の過程に参加できるようになる共創のプロセスによって、これまで一部の権力や資源を持つ人たちに集中しがちだった社会を変える権利を、私たちの手に取り戻せるはずだ。そうなれば、私自身を含め1人1人が変化を諦めず、社会に対する手触り感を持てるようになるかもしれない。

これからは「私」を主語に社会を語り、「私たち」で変化をつくっていく時代だ。だからこそ、立場や属性を超えて「私たち」で変化を共に創る"共創"という考え方は、これからの時代の共通認識になっていくはずだ。

そんな時代に、「パーパスフッド」を掲げて、みんなと実践を増やし「パーパスでつながる世界の方がよくない？」と連帯していきたい。

これからの社会には、「パーパスフッド」が必要だ。

# おわりに

「立場を超えた人や組織がより良い社会を目指して共に新たな価値を創造する」

1つの組織に縛られたくないと思っていた私は、「共創」という考え方が妙にしっくりきた。当時、私は株式会社日建設計から一般社団法人Future Center Alliance Japanにリサーチャーとして約2年間出向していた。短期的・数字的に評価されづらいイノベーションの場のための評価モデル（EMIC）をつくるリサーチに関わり、国内外の20拠点以上に足を運び、インタビューを行った。

そのなかでオープンイノベーションや共創の重要性が語られつつも、実践までのハードルが高いことを思い知った。そして組織や立場を超え、業種を超え、セクターを超えて共創を実現するのはもっと難しいのだと、一時は落胆したこともあった。正直最初の1年は思うように進まない組織同士の共創の取り組みに期待とのギャップを感じ、ずっともやもやしていた。

しかし、社会に向きあい行動する友人たちを見ると、それが共創だと意識しないくらい自然につながり、新しい商品やサービスなど意義あるアウトプットをつくっている。彼ら・彼女らを見ていると、今までの当たり前を超えて、違和感に声を上げ、新しい価値観とより良い未来を、組織や立場を超えてつくっている気がした。だからこそ、私は個を起点とした共創の価値を信じることができたし、変化はつくっていけると背中を押された。

2020年6月。Twitterにパーパスモデルを初めて投稿したことがきっかけで、本書の出版が決まった。当初作成していたモデルはまだ4つしかなく、その速度にとても驚いたのを覚えている。

共創について、研究・実践の経験も浅い私に何か書けるだろうか…と思った。そんなとき「共創やイノベーションは答えが見つからずみんなが試行錯誤しているもの。企業の役員だろうが、大学の教授だろうが、同じひよっこで、確立された正解もない。知見はどんどんシェアしていくことに意味がある」と言われたことが後押しになり、本書の執筆を決めた。

パーパスモデルは「パーパスを中心とした共創プロジェクトの設計図」である。どんな人がいるか、どんなことをしたいか、どんな課題があるのか、どんなことができるのか、共通するものは何か、自分が掲げたパーパスを実現するには誰が必要か、そんなことを考えるためのものだ。

このモデルはパーパスをつくることそのものに主眼を置いているわけではないので、探求する課題や切り口を棚卸しするツールとして、世の中にあふれる創造的なアイデアを生む探求手法と合わせて使ってほしい。

もちろん設計図を考えるより、とりあえずやってみることの方が大事なときもあるかもしれない。パーパスモデルは、「構想が人に伝わらない」「誰に声をかけたらいいかわからない」といった、プロジェクトを進める上で何か壁にぶつかったとき、一度設計図を書いて試行錯誤したことを棚卸ししてみるときに使ってほしい。そして走っている途中で「誰かと意見が合わない」「新たに人を巻き込みたい」ときにはコミュニケーションツールとしても使えるはずだ。

本書を出版する前からパーパスモデルのツールキットはオープンソースにしている。パーパスモデルには決められた使い方はないので、自分なりの使い方をしてみてほしい。そして、もしよければ、どんな使い方をしてもらえたのか、教えてほしい。1章で紹介したリンク先（36頁参照）では、実際にどんな人がどんな風に使ってくれているのか知見を紹介していくつもりだ。パーパスモデルが実際のプロジェクトの中でどう機能したか、私の想像を超えた世界がそこにあったので、是非参考にしてほしい。

本書も、私自身が何か特別な知見を持っていたわけではなく、世の中の多くの人が試行錯誤しながらアップデートしてきた知見を集めてできたものである。だからこそ、もっと多くの事例から共通項を見出して共有していきたいし、私自身の考え方もアップデートしていきたいと思う。

パーパスモデルをつくってから、本当にいろんな使い方をしてくれている素晴らしいみなさんと出会ってきた。

「共創って意味あるの？」と思っている人に「あなたにも取り組むメリットがこんなにありますよ！」と言えるようになったり、先が見えないことに不安を感じている人に「私たちはこんな未来を目指しているから、そのために今この活動をする意義がちゃんとあるよ」と声をかけられたり、自分の考えていることを言語化できないと悩んでいる人が「自分が考えていること、やってきたことって、こうだったのか」と改めて気づけて人に説明できるようになったり…、こんなふうにさまざまな使い方をしてくれているみなさんの話を聞いたとき、このモデルをつくってよかったと心底思う。

パーパスモデルは料理でいう「レシピ」のようなものである。美味しい料理をつくって食べてもらって初めて意味があると思っている。実践者のみなさんに試行錯誤の過程で使ってもらって、みなさんの変化の手触りにつなげていただけると、とても嬉しい。

変化する時代に、パーパスという共通言語をもって、人がつながっていくことに、私は希望があると思っている。だから、短期的な成果や業務に追われることがあっても、長期的な価値と自分たちが生きたい未来を信じて、みなさんと一緒に踏ん張りたい。

2022年8月　吉備友理恵

## 参考文献


橋本崇、向井隆昭ほか編著／吹田良平監修『コミュニティシップ－下北線路街プロジェクト。挑戦する地域、応援する鉄道会社』学芸出版社、2022年

新井和宏『持続可能な資本主義－100年後も生き残る会社の「八方よし」の経営哲学』ディスカヴァー・トゥエンティワン、2019年

紺野登、目的工学研究所『利益や売上げばかり考える人は、なぜ失敗してしまうのか』ダイヤモンド社、2013年

紺野登『イノベーション全書』東洋経済新報社、2020年

紺野登、FCAJ、目的工学研究所『WISEPLACE INNOVATION－目的工学によるイノベーション実践手法』2018年、翔泳社

Future Center Alliance Japan『WISEPLACE－イノベーションを加速する「賢い場」のガイド』2016年

Future Center Alliance Japan『WISEPLACE－官民フューチャーセンター 社会共創の方法論』2017年

Future Center Alliance Japan『WISEPLACE－リビングラボ実践ガイド』2019年

北川フラム監修『瀬戸内国際芸術祭2010 作品記録集』美術出版社、2011年

ライアン・ハニーマン、ティファニー・ジャナ著／鳥居希ほか監修・編集『B Corpハンドブック よいビジネスの計測・実践・改善－よいビジネスの計測・実践・改善』バリューブックス・パブリッシング、2022年

スティーヴン・レヴィットほか『0ベース思考－どんな難問もシンプルに解決できる』ダイヤモンド社、2015年

田口陽子、柄沢祐輔「創作活動の場を核とした複合空間における共創と集客拠点形成－オランダのDe Ceuvelにおける空間マネジメントの実態調査」住総研研究論文集no.43、2017年

田口陽子「アムステルダム北地区のDe Ceuvelにおけるクリエ イティブ・コミュニティの形成」東洋大学情報学術情報リポジトリ、2018年

馬田隆明『未来を実装する－テクノロジーで社会を変革する4つの原則』英治出版、2021年

ジョシュア・デイヴィッド、ロバート・ハモンド『HIGH LINE－アート、市民、ボランティアが立ち上がるニューヨーク流都市再生の物語』アメリカン・ブック&シネマ、2013年

鷲岡恵子「廃線を活用した都市公園開発－ニューヨーク・ハイライン公園の成功に学ぶ」自治体国際化協会CLAIR report、no.394、2014年

Waag annual report 2019
https://waag.org/sites/waag/files/2020-06/Waag%20Jaarverslag%202019%20Final.pdf

國分功一郎・熊谷晋一郎『〈責任〉の生成－中動態と当事者研究』新曜社、2020年

河村昌美、中川悦宏『公民共創の教科書－民と公のパートナーシップで共に未来を創る』先端教育機構、2020年

近藤哲朗、沖山誠著／岩谷誠治監修『「お金の流れ」がたった1つの図法でぜんぶわかる－会計の地図』ダイヤモンド社、2021年

**吉備友理恵**（きび・ゆりえ）
株式会社日建設計イノベーションセンタープロジェクトデザイナー。1993年生まれ。神戸大学工学部建築学科卒業。東京大学大学院新領域創成科学研究科社会文化環境学専攻修士課程修了。株式会社日建設計NAD室（Nikken Activity Design Lab）に入社し、一般社団法人Future Center Alliance Japanへの出向を経て現職。都市におけるマルチステークホルダーの共創、場を通じたイノベーションについて研究実践を行う。共創を概念ではなく、誰もが取り組めるものにするために「パーパスモデル」を考案。

**近藤哲朗**（こんどう・てつろう）
ビジュアルシンクタンク「図解総研」代表理事。1987年生まれ。東京理科大学工学部建築学科卒業。千葉大学大学院工学研究科建築・都市科学専攻修士課程修了。面白法人カヤックでディレクターを務め、2014年株式会社そろそろ創業。「ビジネスモデル図解」で2019年度GOOD DESIGN AWARD受賞。2020年「共通言語の発明」をコンセプトに「図解総研」を設立。共同研究によりパーパスモデルを考案。主な著書に『ビジネスモデル2.0図鑑』（KADOKAWA）、『会計の地図』（ダイヤモンド社）など。

事例調査｜横山明日香、原田真希、沖山誠
事例監修｜理想科学工業株式会社、中川悦宏、株式会社JEPLAN、
パタゴニア・インターナショナル・インク日本支社、矢代真也、鳥居希、永戸考、葦津敬之、
養父信夫、黒神直豊、赤田篤史、瀬戸内国際芸術祭実行委員会事務局、橋本崇、
向井隆昭、岡田弘太郎、伊藤和真、村井すみれ、関治之、陣内一樹、新田隼也、藤本遼
コピー開発｜市島智
ツールデザイン｜中森源
ツール開発｜君塚史高

# パーパスモデル
## 人を巻き込む共創のつくりかた

2022年8月15日　初版第1刷発行

著者　吉備友理恵・近藤哲朗

発行所　株式会社学芸出版社
〒600-8216　京都市下京区木津屋橋通西洞院東入
TEL 075-343-0811　info@gakugei-pub.jp
編集　宮本裕美
営業　中川亮平
デザイン協力　LABORATORIES
印刷・製本　シナノパブリッシングプレス


ISBN978-4-7615-2825-6